KB275163

절대 실패 없는
달러 투자

절대 실패 없는
달러 투자

초판 1쇄 인쇄 2026년 1월 28일
초판 1쇄 발행 2026년 2월 4일

지은이 김정훈(미스터달러)

발행인 장상진
발행처 (주)경향비피
등록번호 제2012-000228호
등록일자 2012년 7월 2일

주소 서울시 영등포구 양평동 2가 37-1번지 동아프라임밸리 507-508호
전화 1644-5613 | **팩스** 02) 304-5613

ⓒ김정훈

ISBN 978-89-6952-646-5 03320

· 값은 표지에 있습니다.
· 파본은 구입하신 서점에서 바꿔드립니다.

고금리 · 고환율 시대, 달러가 답이다

절대 실패 없는

달러 투자

김정훈(미스터달러) 지음

경향BP

왜 내 통장은
항상 비어 있을까?

저는 그저 보통의 직장인이었습니다. 월급날이면 잠시나마 부자가 된 것 같았지만 카드값과 대출이자를 내고 나면 통장은 다시 텅 비어 버리는 삶의 반복이었습니다. 퇴근 후 시켜 먹는 치킨값 앞에서 망설이고, 가성비 좋다던 단골 식당 메뉴판 앞에서 한숨 쉬는 것이 평범한 일상이었습니다.

"월급은 분명 아주 조금씩이라도 오르는데, 왜 삶은 더 팍팍해지기만 할까?"

처음엔 그저 '물가가 올라서 그렇지.'라고 막연하게 생각했습니다.

하지만 우리는 이 질문을 던져야 합니다.

"혹시 내가 가진 돈의 힘이 약해지고 있는 건 아닐까?"

우리는 한국인이기에 원화로 월급을 받고, 원화로 대출금을 갚고, 원화로 저축합니다. 우리가 사는 세상은 온통 원화라는 단위로만 보입니다. 너무나 당연해서 의심조차 해 본 적 없습니다. 마치 파란색 셀로판지를 눈에 대고 세상을 보면 모든 게 파랗게 보이는 것과 같습니다.

자, 지금부터 딱 10년 전으로 시간여행을 떠나 보겠습니다. 2015년에 만약 여러분에게 15억 원이 있었다면 어떤 투자를 했을까요?

- **첫 번째 문** : "무조건 대한민국 1등 부동산이지!" 압구정 현대아파트(34평)를 산다.
- **두 번째 문** : "미래는 기술에 있어!" 15억 원을 전부 달러로 바꿔 애플APPL 주식을 산다.

당시의 저라면, 그리고 대부분의 사람은 1초의 망설임도 없이 첫 번째 문을 선택했을 겁니다. 그 당시에도 압구정은 서울의 최상위 입지로서 압도적인 위상을 가지고 있었고 '강남의 강남'이라는 표현이 있을 정도로 부의 상징으로 통했습니다. 그리고 10년이 흐른 지금, 첫 번째 문을 선택했다면 여러분의 자산은 무려 50억 원이 되어 있었을 겁니다. "역시 내 선택이 옳았어." 하고 뿌듯해하며 샴페인을 터뜨렸을 겁니다.

그런데 두 번째 문을 열어 보니, 애플 주식을 샀던 자산은 무려 145억 원이 되어 있었습니다. 심지어 애플이나 엔비디아 같은 특정 종목을 고르는 행운이 없었더라도, 그저 미국 시장 전체를 대표하는 S&P500 지수에만 투자했어도 압구정 현대아파트와 비슷한 수익을 거뒀습니다. 만약 배당금을 받아 재투자했다고 가정한 기준$^{TR, Total Return}$으로 수익률을 계산하면 S&P500 투자는 300% 수준의 수익률을 기록하여 압구정 현대아파트의 수익률을 60%p 이상 압도합니다.

투자대상	초기 투자금	최종 자산 가격	수익금	수익률
압구정 현대아파트	15억 원	약 50억 원	약 35억 원	233%
S&P500	15억 원	약 49억 원	약 34억 원	226%
S&P500(TR)	15억 원	약 60억 원	약 45억 원	300%
애플(AAPL)	15억 원	약 145억 원	약 130억 원	866%

※2015년 1월 1일~2025년 5월 1일, 해당 시점의 환율 적용
※모든 자료는 KB부동산, Yahoo Finance, 한국은행(BOK) 데이터를 기준으로 저자가 산출함

이것이 바로 우리가 파란색 셀로판지를 통해 보지 못했던 세상의 진짜 모습입니다. 원화라는 울타리 안에서 내 자산이 3배가 될 동안 세상의 우량 자산들은 훨씬 더 커지고 있었습니다. 이건 우리가 게을러서도, 투자를 못해서도 아닙니다. 우리가 부(富)를 측정하는 자를 원화라는, 대한민국에서만 통용되는 자 하나만 가지고 있었기 때문입니다.

내 소중한 자산을 지켜주는 유일한 방패

이제 여러분의 자산을 한 번 들여다보시기 바랍니다. 아마 대부분은 전체 자산의 80% 이상을 차지하는 아파트 한 채, 삼성전자 주식, 국내 주식형 펀드와 퇴직연금일 겁니다. 이 자산들에는 한 가지 공통점이자 치명적인 약점이 있습니다. 바로 전부 원화라는 옷을 입고 있다는 것입니다.

"한국인이고 한국에 사니까 당연한 거 아니야?" 맞습니다. 하지만 바로 그렇기 때문에 우리에게는 반드시 방패가 필요합니다. 2022년

주식시장을 기억하십니까? "가즈아!"를 외치던 주식이 반 토막 나고, 공포가 시장을 뒤덮었습니다. 당시 코스피 지수는 한 해 동안 -20% 넘게 급락하며 2008년 금융위기 이후 14년 만에 가장 큰 하락폭을 기록했습니다.

그런데 바로 그 공포의 순간, 우리의 원화 자산이 녹아내리던 바로 그 순간, 달러/원 환율은 정반대로 움직이고 있었습니다. 2022년 초 1,190원대였던 환율은 10월에 1,440원을 돌파하며 21%나 치솟았습니다. 이것은 우연이 아닙니다. 지난 수십 년간 대한민국의 경제 위기 때마다 어김없이 반복된 패턴입니다.

데이터가 명확히 보여 주듯, 대한민국에 위기가 닥치면 주식시장은 추락하고, 달러 가치는 하늘로 치솟았습니다. 이유는 단 하나입니다. 위기가 발생하면 전 세계 투자자들은 위험한 자산을 팔고 가장

경제 이벤트	KOSPI 지수	USD/KRW 환율
1997년 IMF 외환위기	1년 만에 -57% 하락	800원대 → 1,960원대(+145%)
2008년 글로벌 금융위기	1년 만에 -40% 하락	900원대 → 1,570원대(+74%)
2020년 코로나19 팬데믹	1개월 만에 -33% 하락	1,180원대 → 1,280원대(+8%)
2022년 미국 금리인상 쇼크	1년 만에 -25% 하락	1,190원대 → 1,440원대(+21%)

안전한 곳으로 돈을 피신시킵니다. 지구상에서 가장 안전한 피난처는 바로 미국 달러입니다.

원화로만 자산을 보유한 사람에게는 끔찍한 위기가, 달러를 함께 보유한 사람에게는 자산 가치가 방어되고 오히려 불어나는 기회가 될 수 있다는 의미입니다. 만약 여러분의 자산 중 단 10%라도 달러로 가지고 있었다면 어땠을까요? 주식 계좌의 파란 불을 보며 좌절하는 대신 "다행이다."라며 안도할 수 있었을 겁니다. 이 작은 심리적 안정감이, 공포에 질려 내 소중한 자산을 헐값에 내던지는 최악의 선택을 막아 주는 방패가 되어 줍니다. 나아가 달러 투자로 번 돈으로 반값 세일 중인 우량 자산을 사 모으는 '기회의 무기'가 되기도 합니다.

아는 사람만 누리는 세금 0원의 비밀

그런데 이 강력한 방패에는 여전히 많은 사람이 모르는 엄청난 추가 기능이 있습니다. 바로 세금이 없다는 것입니다.

결론부터 말씀드립니다. 개인이 달러 투자로 번 돈(환차익)에 대해

투자 구분	거래 비용	세금	비고
달러	환전수수료	0원(비과세)	비용이 가장 낮고 단순함
주식	거래수수료	증권거래세, 배당소득세, 양도소득세	고정 세금 발생, 상황에 따라 추가 과세
부동산	중개보수, 법무사 비용	인지세, 취득세, 재산세, 종합부동산세, 양도소득세	사고, 보유하고, 파는 모든 단계마다 세금 발생

서는 단 한 푼의 세금도 내지 않습니다. 우리나라 소득세법에는 과세 대상을 하나하나 명시하고 있는데, 개인이 투자 목적으로 얻은 환차익은 그 목록 어디에도 포함되어 있지 않습니다. 환차익으로 1억 원을 벌든, 10억 원을 벌든 마찬가지입니다.

부동산은 살 때, 보유할 때, 팔 때마다 엄청난 세금을 냅니다. 주식 역시 거래세가 발생하고 해외주식의 경우에는 기본공제 250만 원을 뺀 금액에 22% 수준의 양도소득세까지 발생합니다. 하지만 달러 투자는 환전수수료가 전부입니다. 다른 투자자들이 수익의 상당 부분을 세금으로 낼 때, 우리는 그 모든 것을 온전히 자산으로 쌓아 올릴 수 있습니다.

세상에서 가장 공정한
운동장

국내 주식 투자를 하다 보면 '내가 과연 공정한 게임을 하고 있는가?' 하는 회의감이 들 때가 있습니다. 하지만 외환시장은 다릅니다. 국내 주식시장이 몇몇 고래가 휘젓는 연못이라면, 외환시장은 항공모함 수십 척이 떠 있어도 티가 나지 않는 거대한 태평양과 같습니다.

SG증권 발 주가 조작 사태

경영권분쟁 코스피 상장사 타깃…1000억대 **주가조작** 적발

라덕연 일당은 유통물량이 적은 8개 종목을 대상으로 **주가조작**을 벌이다가 **SG**증권 창구를 통해 대량매물이 쏟아내 하루만에 8개 종목 **주가**가 급락한 사건이다. 다만 이번에는 당국이 선제적으로 **주가조작** 사건을 적발하면서 **주가조작** 대상이 된 종목의 …

제 2의 라덕연 사태 적발됐다… 병원장·대형학원장이 전주 역… 조선비즈 PiCK · 2025.09.23. · 네이버뉴스

병원장 등 상류층 1천억 **주가조작** 적발…"패가망신" 1호사건될듯 더트래커 · 2025.09.23.

대한민국 코스피 시장의 하루 평균 거래대금은 약 12조 원 수준입니다. 하지만 전 세계 외환시장의 하루 평균 거래대금은 약 7조 5,000억 달러, 우리 돈으로 1경 원에 달합니다. 코스피 시장의 800배가 넘는, 그야말로 천문학적인 돈이 오가는 시장입니다.*

---

* 한국거래소(KRX) 및 국제결제은행(BIS) 'Triennial Central Bank Survey(2022)' 의 데이터

이 거대한 규모는 그 어떤 단일 세력도 이 태평양의 흐름을 마음대로 조종할 수 없다는 것을 의미합니다. 이곳은 보이지 않는 손에 의해 내 자산이 하루아침에 사라질 걱정을 하지 않아도 되는, 가장 공정하고 투명한 운동장입니다.

이 책은 제가 파란색 셀로판지를 찢고 나와 원화의 노예에서 벗어났던 모든 과정을 담은 기록입니다. 열심히 일하는데도 가난해지는 악순환을 끊고, 여러분의 소중한 자산을 지키고 불려 나갈 강력하고 현실적인 방법을 이 책에서 모두 알려 드리겠습니다.

미스터달러 김정훈

Chapter 1
실패할 수밖에 없는
당신의 달러 투자

실패할 수밖에 없는 당신의 달러 투자

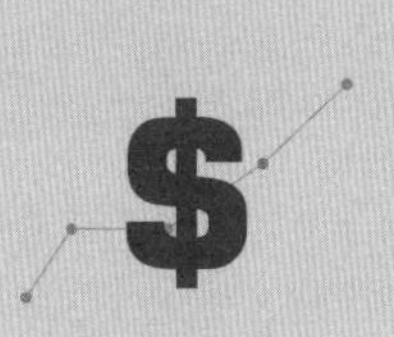

달러 투자는
홀짝 게임이 아니다

이 책을 읽는 분들 중에 이미 "나도 달러 투자 해봤다."고 말하는 분이 꽤 계실 겁니다. 아마도 여러분의 첫 달러 투자는 이런 식이었을 겁니다.

1. 환율이 1,400원을 넘었다는 뉴스를 본다.
2. 전문가들은 "더 오른다."고 말한다.
3. 전문가의 말을 믿고 달러를 산다.

단언컨대, 그것은 투자가 아닙니다. 동전을 던져 앞면이 나올 거라고 믿고 돈을 건, 위험천만한 홀짝 게임일 뿐입니다. 이런 방식으로 운 좋게 번 돈은 세상에서 가장 위험한 독입니다. '나는 투자에 재능이 있나 봐!'라는 치명적인 착각에 빠지게 만들기 때문입니다. 그리고 그 잘못된 자신감은 어김없이 더 큰 손실로 이어집니다.

"1,500원까지 오를 줄 알고 1,480원에 샀는데 계속 떨어져요. 어떡하죠?"

"환율 떨어진 뒤로 무서워서 앱도 못 켜 보고 있어요. 가지고 있으면 언젠가는 오르겠죠?"

이런 하소연을 하는 분들이 특별히 운이 없거나 재능이 없어서 돈을 잃었을까요? 아닙니다. 애초에 잘못된 지도를 들고 있었기 때문입니다.

왜 워런 버핏의 지도는
달러 투자에서 통하지 않을까?

여기서 질문 하나를 드리겠습니다.

"가치 있는 자산을 사서, 오래오래 가져가라."

투자의 현인 워런 버핏과 찰리 멍거가 평생을 외친 말입니다. 그럼 달러는 가치 있는 자산일까요? 물론입니다. 그렇다면 이 현인들의 말대로, 달러를 사서 20년쯤 묵혀 두면 부자가 될 수 있을까요?

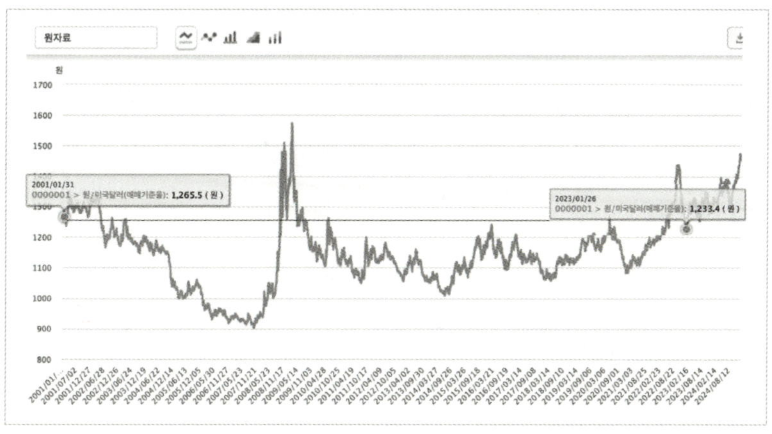

만약 여러분이 2001년 1월 31일에 1억 원을 달러로 바꿔서, 무려 22년이라는 긴 시간을 기다린 뒤 2023년 1월 26일에 팔았다고 가정해 보겠습니다. 결과는 어땠을까요? 놀랍게도 수익은커녕 300만 원에 가까운 손실을 보게 됩니다. 22년을 기다렸는데도 말입니다.

바로 이 지점에서 2가지 반론을 떠올릴 수 있습니다.

첫째, "지금(2025년 11월) 환율이 1,470원을 넘어갔으니 지금 팔면 큰 수익인데요?"

결과만 놓고 보면 현재의 극단적인 고점 덕분에 수익이 난 것은 맞습니다. 하지만 이 수익이 무엇을 의미하는지 냉정하게 따져 봐야 합니다. 과거를 살펴보면 달러는 평균으로 돌아오려고 하는 '평균 회귀Mean Reversion'의 움직임을 명확하게 보였고, 대부분의 시간은 수익률 제로에 가까운 지루한 싸움이었습니다. 즉 투자 기간의 90% 이상은 횡보 또는 손실이었다는 겁니다.

현재의 극단적인 환율 수준은 금리 초격차, 글로벌 지정학적 위기 등이 복합적으로 터지면서 나온 예외적인 상황일 뿐입니다. 우리는 20년 이상의 횡보 리스크를 감수하고 예측 불가능한 특정 시기를 정확히 포착하여 수익을 내는, 운에 베팅하는 방식으로 투자를 설계할 수는 없습니다.

둘째, "워런 버핏의 가치투자 철학이 틀렸다는 말인가요?"

아닙니다. 워런 버핏의 철학은 위대합니다. 다만, 그 철학은 주식이라는 운동장에 맞춰진 규칙입니다. 애플 주식을 사서 오래 묵혀 두면 왜 오를까요? 애플이 그 시간 동안 아이폰을 팔아 돈을 벌고, 그 이익으로 신제품을 개발하며 스스로 가치를 생산하기 때문입니다. 주식은 살아 있는 유기체입니다.

하지만 달러는 다릅니다. 돈은 스스로 가치를 생산하지 못합니다. 달러의 가치는 오직 다른 나라 돈과의 '상대적인 힘겨루기'로만 결정됩니다. 이것은 특정 시기의 문제가 아니라 스스로 가치를 생산하지 못하는 통화라는 자산의 본질적인 특성입니다.

즉 달러 투자는 주식 투자와는 완전히 다른 게임입니다. 주식 투자의 지도를 들고 달러 투자를 하려는 것은 축구 규칙으로 야구 경기를 하려는 것과 똑같습니다. 당연히 이길 수 없습니다.

'예측'이 아닌
'대응'의 세계

같은 날에 달러를 사서 같은 날에 팔아도 어떤 사람은 돈을 벌고 어떤 사람은 돈을 잃습니다. 그 차이는 단 하나입니다. 환율이 오를지 내릴지 예측하려 했는가, 환율의 특성을 이해하고 대응했는가에 따라 달라집니다.

"대응이라는 말이 너무 막연하게 들립니다."

맞습니다. 그래서 우리에게는 복잡한 예측 대신 본질적인 특징에 기반한 아주 단순한 투자 공식과 누구나 따라 할 수 있는 기계적인 시스템이 필요한 것입니다.

홀짝 게임 투자자들은 항상 뉴스에 귀를 기울이고 전문가의 전망과 예측에 의존합니다. 하지만 그런 방식으로는 절대 꾸준한 수익을 낼 수 없습니다. 운 좋게 몇 번 벌더라도, 단 한 번의 예상치 못한 하락에 모든 것을 잃게 됩니다.

다른 투자에는 정답이 없다고들 하지만, 달러 투자에는 거의 정답에 가까운 공식이 존재합니다. 이 책을 끝까지 읽고 나면 여러분은 더 이상 뉴스에 휘둘리지 않고, 환율이 오르든 내리든 꾸준히 수익을 쌓아 나가는 진짜 달러 투자자가 되어 있을 것입니다.

· 홀짝 게임 투자자 vs 진짜 달러 투자자 ·

아래 표는 같은 날에 같은 돈으로 투자를 시작한 홀짝 게임 투자자와 진짜 달러 투자자의 실제 사례 비교입니다. 똑같이 약 4,000만 원으로 시작했지만 과정과 결과는 완전히 다릅니다.

홀짝 게임 투자자는 투자금 전부를 1,300원이라는 한 지점에 모두 베팅하여 3만 원의 수익을 냈습니다. 반면 진짜 달러 투자

홀짝 게임 투자자 vs 진짜 달러 투자자 비교표

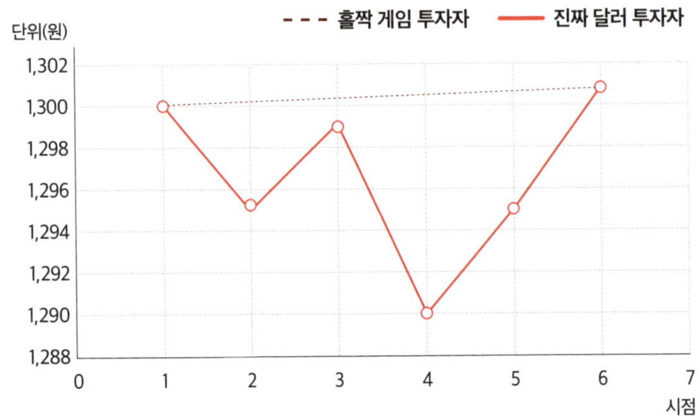

홀짝 게임 투자자

구분	매수 환율	매수한 USD	매도 환율	수익금
최초 진입	1,300원	30,000달러	1,301원	30,000원

진짜 달러 투자자

구분	매수 환율	매수한 USD	매도 환율	수익금
최초 진입	1,300원	10,000달러	1,301원	10,000원
분할 매수	1,295원	10,000달러	1.299원	40,000원
분할 매수	1,290원	10,000달러	1,295원	50,000원
				100,000원

자는 투자금을 나누고, 환율이 하락할 때마다 계획적으로 추가 매수했으며, 반등 시 분할 매도로 수익을 실현했습니다. 그 결과 총 10만 원이 넘는 수익을 거두었습니다.

"이건 너무 진짜 달러 투자자에게 유리한 시나리오 아닌가요? 만약 1,300원에 사고 계속 오르기만 했다면 홀짝 게임 투자자가 더 유리했을 텐데요."

아주 정확한 지적입니다. 그런 경우 단기적으로는 홀짝 게임 투자자가 더 큰 수익을 낼 수 있습니다. 하지만 투자는 단 한 번으로 끝나는 게임이 아닙니다. 환율은 언제나 오르내림을 반복합니다. 진짜 달러 투자자의 시스템은 환율이 오르든 내리든, 그어떤 상황에서도 마음 편히 수익을 쌓아 나가도록 설계되었습니다. 반면 홀짝 게임 투자자는 단 한 번의 잘못된 예측으로 큰 손실을 볼 수 있는 위험을 항상 안고 가야 합니다.

우리가 추구하는 것은 짜릿한 한 방이 아니라 마음 편히 잠을 자면서도 꾸준히 쌓여 가는 '지속가능한 수익'입니다. 이 책을 다 읽고 나면, 왜 이렇게 투자해야만 하는지 명확한 이유를 알게 되실 겁니다.

2

내가 사자마자
오를 것이라는 착각

여러분이 주식이든, 코인이든, 달러든 큰마음 먹고 매수 버튼을 누른 순간을 떠올려 보기 바랍니다. 어떤 기분이 들었나요? 아마 대부분은 희망과 낙관으로 가득 찼을 겁니다. '그래, 이제 오를 일만 남았어.' 하는 기분 좋은 상상과 함께 말이죠.

이것이 바로 모든 비극의 시작입니다. 우리는 투자를 시작할 때 내가 산 이후에 가격이 오르는 장밋빛 미래만 그릴 뿐 만약 가격이 떨어진다면 어떻게 대응할지에 대한 대비책은 전혀 준비하지 않습니다. 애초에 오를 것이라는 착각을 전제로 투자를 시작했으니까요.

그래서 내가 진입한 바로 다음 날, 혹은 몇 시간 뒤부터 가격이 하락하기 시작하면 우리의 상상은 속절없이 무너지고 심장은 '쿵' 하고 내려앉습니다.

불과 어제까지만 해도 확신에 차 있던 내 판단은 순식간에 '아, 내가 잘못 샀나?' 하는 의심으로 바뀝니다. 그때부터 우리는 5분에 한 번씩 스마트폰을 켜고 가격을 보게 되죠. 파란색 숫자를 볼 때마다 '아, 또 떨어졌네.' 하는 불안감과 자책감이 뒤섞인 채 일상생활이 불가능할 정도로 온 신경이 거기에만 쏠리게 됩니다.

가격이 계속 하락하면 2가지 선택지밖에 남지 않습니다.

첫째, '이제 정말 끝났다.'는 공포를 이기지 못해 가지고 있던 모든 것을 던져 버리는 '패닉 셀Panic Sell'입니다. 그렇게 큰 손실을 보고 투자를 마무리하는 순간, 끔찍했던 불안감으로부터 해방되었다는 안도감을 잠시 느낍니다. 하지만 시장은 그런 심리를 비웃듯 정확히 내가 팔고 난 그 바닥에서부터 거짓말처럼 회복하기 시작합니다.

둘째, '그냥 잊고 살자.'며 앱을 지워 버리는 '존버(버티기)'입니다. 이것은 전략이 아니라 생각하기를 포기한 현실 도피에 가깝습니다. 그렇게 몇 달 혹은 몇 년의 고통스러운 시간을 보낸 뒤 운 좋게 시장이 회복되어 드디어 내 본전(매수 가격) 수준까지 가격이 올라 왔다고 해 보겠습니다.

그럼 우리는 어떤 선택을 할까요? "그래! 역시 버티길 잘했어! 더 오를 거야!" 하고 기다릴 수 있을까요?

천만에요. 우리는 지긋지긋했던 마음고생에 대한 보상 심리로 "이거라도 건지는 게 어디야." 하며 본전이라도 찾았다는 사실에 감사하며 서둘러 팔아 치웁니다. 하지만 우리의 매도 버튼이 신호탄이었던 것처럼 가격은 그제야 하늘 높은 줄 모르고 날아가는 경우가 허다합니다.

여러분이 지난 몇 년간 반복해 온 실패의 패턴과 정확히 일치하지 않나요?

결국 모든 투자의 성패는 심리를 통제할 수 있느냐의 싸움입니다. 시장의 변동성 앞에서 내 감정이 널뛰기를 하는 한 우리는 앞서 말한 2가지 비극적인 결말을 절대로 피할 수 없습니다.

그렇다면 이 심리를 어떻게 통제해야 할까요? '마음을 굳게 먹자.', '나는 할 수 있다.' 같은 다짐만으로는 부족합니다. 감정은 이성적인 명령을 따르지 않으니까요. 우리에게 필요한 것은 감정이 끼어들 틈이 없는 차가운 원칙과 기계적인 시스템입니다.

그 원칙은 사실 아주 단순합니다.

첫째, 투자를 시작하기 전부터 하락을 계획하는 것입니다. 내가 사자마자 오를 것이라는 착각을 버리고 하락하면 어떻게 대응할지, 추가 매수는 언제 할지를 미리 정해 두는 것, 이것이 진짜 투자의 시작입니다.

둘째, 중간중간 발생하는 수익을 눈으로만 보고 만족할 게 아니라 분할 매도를 통해 진짜 수익으로 확정 짓는 것입니다. 내 통장에 찍힌 원화만이 진짜 내 돈입니다.

이 2가지 원칙은 정말 단순해 보이지 않나요? 하지만 대부분의 투자자가 절대로 지키지 못하는 가장 어려운 원칙이기도 합니다. 그래서 우리에게는 연습이 필요합니다. 이 책은 위대한 원칙을 배우고 내

것으로 체득하는 가장 완벽한 훈련 과정이 될 것입니다.

이 책에서 배우게 될 달러 투자 원칙들은 여러분을 환율창에 매달려 일상을 망가뜨리는 불안한 투자자의 모습에서 벗어나도록 도와줄 것입니다. 심리적으로 완벽하게 안정된 상태에서 차분하고 꾸준하게 수익을 만들어 나가는 진짜 투자를 경험하게 될 것입니다.

3

환율을 예측할 수 있다는
무모한 생각

만약 제가 "환율을 100% 정확하게 예측하는 방법을 알려 드립니다!"라고 말한다면 어떨까요? 아마 이 책을 집어 든 가장 큰 이유가 바로 이것일 겁니다.

네, 좋습니다. 제가 바로 그 답을 알고 있습니다. 환율을 정확히 예측할 수 있는 사람은 이 세상에 딱 한 분 계십니다. 바로 신神뿐입니다.

조금 허무하게 들리시나요? "환율을 예측할 수도 없는데, 달러 투자는 어떻게 하라는 말인가?" 하는 생각이 드실 겁니다. 하지만 농담이 아닙니다. 세계적인 석학들도 똑같은 이야기를 했습니다.

동전 던지기와 똑같은
예측의 무모함

혹시 유진 파마라는 교수님에 대해 들어보셨나요? 시카고대학교 금융학 교수이자 2013년에 노벨 경제학상을 받은, 금융 연구의 끝판왕 같은 분입니다. 이분이 평생을 바쳐 완성한 '효율적 시장 가설'이라는 유명한 이론이 있습니다. 간단히 요약하면 이렇습니다.

"시장은 지독하게 효율적이라서 이미 모든 정보가 가격에 녹아 있다. 따라서 어떤 정보를 이용해 미래 가격을 예측하는 것은 불가능하다."

이 이론은 우리가 다루려는 외환시장에도 그대로 적용됩니다. 즉 환율이 오를지 내릴지에 대한 온갖 정보(금리, 경제 지표, 뉴스 등)는 이미 현재 환율에 모두 반영되어 있다는 뜻입니다. 그래서 수많은 금융 전문가가 시장 예측의 무모함을 이야기할 때 이런 비유를 즐겨 사용합니다.

"시장 예측은 동전 던지기와 똑같다."

내일 환율이 오를지 내릴지를 맞히려는 노력이 동전의 앞면과 뒷면 중 뭐가 나올지 맞히려는 것과 본질적으로 다르지 않다는 의미입니다. 아마 이쯤 되면 이런 생각이 들 것입니다.

"천재도 예측을 하지 못한다면, 나 같은 사람이 어떻게 달러 투자로 돈을 벌 수 있다는 말인가?"

바로 그 점이, 우리 같은 평범한 투자자에게는 가장 큰 희소식입니다. 더 이상 미래를 예측하기 위해 밤새워 복잡한 차트를 분석하거나, 전문가의 말 한마디에 귀를 기울일 필요가 없다는 뜻이기 때문입니다. 우리는 그 지긋지긋하고 불가능한 예측 게임에서 완전히 해방될 수 있습니다.

1983년 리처드 미스와 케네스 로고프라는 두 경제학자가 당시 가장 뛰어나다는 환율 예측 프로그램을 전부 모았습니다. 복잡한 수학 공식을 동원한, 말하자면 현재의 챗GPT 같은 모델들이었습니다. 그리고 이 똑똑한 프로그램들에게 경쟁을 시켰습니다.

"과거 데이터를 줄 테니 미래 환율을 한 번 예측해 봐!"

결과는 어땠을까요? 압도적으로 정확하게 예측한 모델이 있었습니다. 바로 "내일 환율은 그냥 오늘 환율이랑 비슷할 것이다."라고 예

대외경제정책연구원(KIEP)에서 2021년에 발표한 연구보고서

측한 랜덤 워크 모델이었습니다. 그 어떤 복잡한 모델도 사실상 아무런 예측을 하지 않은 모델보다 나은 결과를 내지 못했습니다. 마치 어린아이가 "내일 날씨는 오늘과 비슷할 거예요."라고 했는데, 슈퍼컴퓨터를 동원한 기상청 예보보다 더 잘 맞힌 셈입니다.

우리는
투자 원칙을 세운다

자, 그럼 우리는 어떻게 해야 할까요? "어차피 못 맞히는데, 그냥 찍어야 하나?" 하고 좌절해야 할까요? 아닙니다. 이 예측 불가능성이라는 사실이 우리에게 가장 중요한 교훈을 줍니다. '예측하려는 헛된 노력을 버리고, 우리가 통제할 수 있는 것에 집중한다.' 그것은 바로 투자 원칙을 만드는 것입니다.

투자 원칙을 만드는 것은 예측과 근본적으로 다릅니다. 예측은 '내일 비가 올 것이다.'라고 미래를 맞히려는 것이고, 원칙은 '만약 비가 오면, 나는 우산을 쓴다.'고 행동 규칙을 미리 정해 두는 것입니다. 우리는 비가 올지 안 올지는 모르지만 비가 왔을 때 어떻게 행동할지는 100% 통제할 수 있습니다.

투자 원칙이란 내가 언제, 어떤 조건에서 살지, 그리고 환율이 올랐을 때 어떻게 행동할지를 미리 정해 두는 내비게이션과 같습니다. 이 내비게이션이 있고 없고의 차이는 위기의 순간에 극명하게 드러

납니다.

갑자기 환율이 급락해서 시장에 공포가 가득할 때 대부분의 초보자는 허둥지둥합니다.

"어떡하지? 더 떨어지나? 지금이라도 팔아야 하나?"

(→ 공포에 질려 손절)

반면에 내비게이션이 있는 사람은 이렇게 생각합니다.

"내가 계획한 2차 매수 가격에 도착했네. 원칙대로 추가 매수."

(→ 계획대로 기계적 대응)

환율이 급등하며 모두가 흥분할 때 초보자들은 조바심을 냅니다.

"와! 더 오르기 전에 빨리 사야 해!"

(→ 흥분해서 추격 매수)

내비게이션이 있는 사람은 침착하게 행동합니다.

"오케이, 목표 수익 도달. 원칙대로 매도해서 수익 실현."

(→ 계획대로 이익 확정)

이 차이가 보이나요? 달러 투자의 성공은 환율을 맞혔느냐가 아니라, 변덕스러운 시장에서 얼마나 뚝심 있게 원칙을 지켰느냐로 결정됩니다. 예측에 에너지를 쏟지 마시기 바랍니다. 그 대신, 이 책에서 배우게 될 단순하면서도 강력한 공식을 믿고 그저 행동하는 것에 모든 노력을 집중해야 합니다. 그렇게 경험이 쌓이면, 시장의 움직임에 흔들리지 않는 단단한 투자 근육이 길러질 것입니다. 그리고 여러분의 계좌도 그 근육만큼이나 단단해져 있을 것이라고 확신합니다.

앞서 소개한 40년 전 연구가 지금도 유효한지 의심이 들 수 있습니다. "이제는 기술이 발전해서 정확한 예측 모델이 있지 않을까?" 결과는 그렇지 않습니다. 아래 표는 2023년 말, 세계 최고의 두뇌들이 모인 글로벌 투자은행들이 발표했던 1년 후(2024년 말)의 원/달러 환율 전망치와 실제 결과입니다.

글로벌 투자은행들이 발표한 환율 전망과 실제 결과

투자은행	2024년 말 환율 예측	실제 환율 (2024.12.31.)	차이
골드만삭스	1,251원		+219원
HSBC	1,300원	1,470원	+170원
ING	1200원		+270원
모건스탠리	1,290원		+180원

※ IB의 전망 보고서 및 국내 보도자료(매일일보, 2023.11.22.)

결과는 처참합니다. 모든 투자은행의 예측은 실제 환율과 최소 170원 이상 빗나갔습니다. 그들의 분석이 엉터리였을까요? 아닙니다. 2023년 말에는 미국이 2024년에 금리를 인하할 것이라는 기대가 지배적이었습니다. 금리 인하는 달러 약세 요인이므로 그들의 예측은 매우 합리적인 근거를 바탕으로 한 것이었습니다.

　하지만 예상과 달리 미국의 인플레이션은 쉽게 꺾이지 않았고, 중동 분쟁 같은 지정학적 불안까지 겹치며 오히려 강달러 현상이 심화되었습니다. 아무리 합리적인 분석도 미래의 변수 앞에서는 무력하다는 것을 보여 주는 강력한 증거입니다. 이는 환율 예측이라는 행위 자체가 본질적으로 불가능에 가깝다는 사실을 다시 한 번 확인시켜 줍니다.

4

하루 종일 환율을 볼수록 실패하는 이유

달러 투자에 대해서 여러분이 가지는 가장 큰 오해는 바로 이것입니다.

"환율은 1분에도 수십 번씩 움직이는데, 주식처럼 환율창을 계속 보고 있어야 돈을 벌 수 있는 것 아닌가요?"

결론부터 말씀드립니다. 그렇게 투자하면 반드시 실패합니다.

왜일까요? 하루 종일 환율창을 들여다보는 행위는 여러분을 투자자가 아닌 불안한 도박사로 만들기 때문입니다. 눈앞에서 실시간으로 변하는 환율은 심리적으로 조급하게 만들고, 인간의 본능적인 감정을 자극합니다.

일반적인 사람들은 계획한 환율에 도달했을 때 절대 그 순간을 놓치지 않고 추가 매수 또는 매도를 해야지만 돈을 벌 수 있을 거라 생각합니다. 그래서 하루종일 환율창을 보며 불필요한 에너지를 전부 갉아먹게 되고, 결국 달러 투자가 자산을 불리는 안정적인 시스템이 아닌 스트레스를 유발하는 노동이 되어 버립니다.

환율의 모든 등락에 신경을 쏟는 것은 전문 트레이더의 영역이지, 우리의 영역이 아닙니다. "직장인이라 시간이 없습니다."와 같은 걱정은 달러 투자 앞에서만큼은 완전히 내려놓아도 좋습니다.

우리는 하루 종일 차트만 들여다보는 전업 트레이더가 아닙니다. 그저 화장실 갈 때나 커피 한 잔 마실 때, 잠들기 전 잠깐이면 충분합니다. 공식을 토대로 미리 짜 둔 투자 계획표에 따라 지금이 살 때인지 팔 때인지만 판단하면 됩니다.

"제가 안 보는 사이에 환율이 목표가에 도달했다가 다시 움직이면 기회를 놓치는 것 아닌가요?"

그 질문에 대한 저의 답은 이렇습니다.

"놓쳐도 괜찮습니다. 아니, 우리는 일부러 기회를 놓쳐야 합니다."

이게 무슨 의미일까요? 이 책에서 알려 드릴 달러 투자 절대 공식의 힘은 1~2원의 단기적인 움직임을 맞히는 데서 나오는 것이 아닙니다. 이 전략의 진짜 힘은 우리가 설정한 가격 범위 안에서 기계적으로 사고파는 행위를 반복하여 수익을 쌓아 나가는 시스템 그 자체에서 나옵니다.

우리는 100m 단거리 경주를 하는 것이 아닙니다. 서울에서 부산까지 가는 KTX를 타는 것과 같습니다. 중간에 기차가 잠시 서행하거나 빨리 달리는 것에 일희일비할 필요 없이, 그저 목적지를 향해 가고 있다는 사실만 믿으면 되는 것입니다.

오히려 환율을 계속 보지 않는 것이 더 나은 결과를 가져오는 경우도 자주 있습니다. 내가 매수하려던 환율을 놓쳤다고 아쉬워했는데, 잠시 뒤에 보니 환율이 더 내려가서 더 싸게 살 기회가 생길 수도 있습니다. 특정 환율에 팔려고 했는데 놓쳤더니 더 올라서 더 비싸게 파는 행운을 잡을 수도 있습니다.

그러니 조급해할 이유가 전혀 없습니다. 외환시장은 24시간 잠들지 않고 돌아갑니다. 여러분이 하루 일과를 마치고 잠든 순간에도 기회는 계속 만들어지고 있습니다. 그럼에도 불구하고 '나는 바빠서 환율을 계속 볼 수 없으니 달러 투자에 적합하지 않다.'고 생각한다면 그 생각은 절대적으로 틀렸습니다. 어떤 사람이라도 아침에 눈을 뜨고 밤에 잠들기 전까지 최소 3~4번은 스마트폰을 볼 시간이 있습니다. 그리고 그때 투자를 실행하는 데 걸리는 시간은 1분도 채 되지 않습니다.

실제 달러를 사고파는 데 걸리는 시간

많은 분이 투자를 망설이는 이유로 시간 부족을 꼽습니다. 물론, 여기에는 물리적인 시간뿐만 아니라 살지 말지를 고민하는 생각의 시간도 포함됩니다.

우선, 달러 투자에 필요한 물리적인 시간부터 계산해 볼까요?

- ▶ **로그인(생체인증 or PIN)** : 3초
- ▶ **환전 메뉴 선택** : 5초
- ▶ **매수할 금액 입력 및 확인** : 10초
- ▶ **인증 및 완료** : 5초

이 모든 과정을 합쳐 30초면 충분합니다. 커피를 주문하고 기다리는 시간보다 짧습니다.

또한 여러분은 이 책을 통해 명확한 투자 공식을 배우게 되므로 어떤 통화를, 언제, 얼마만큼 사야 할지 고민하는 생각의 시간이 0에 수렴하게 됩니다. 그저 공식에 따라 기준에 부합하면 출퇴근길 지하철 안에서, 점심시간의 짧은 여유 속에서, 잠들기 전 침대 위에서도 투자를 실행할 수 있습니다.

만약 이마저도 시간을 내기 어렵다면, 그것은 투자를 고민할 단계가 아니라 여러분 삶의 구조를 먼저 돌아봐야 한다는 강력한 신호입니다. 달러 투자의 문은 언제나 열려 있으며, 그 문을 열고 들어갈지는 오직 여러분의 의지에 달려 있습니다.

5

공부만 하지 말고
돈부터 벌어라

새해가 되면 많은 사람이 비슷한 목표를 세웁니다.

"올해는 진짜 운동을 시작한다!"

그래서 유명 유튜브 채널을 구독하고, 헬스장 1년 치를 등록하고, 새 운동복과 신발까지 완벽하게 갖춰 놓습니다. 모든 준비는 끝났지만, 정작 운동은 내일부터 시작합니다.

투자도 똑같습니다. '이 분야를 완벽하게 공부한 뒤에 시작해야지!' 하는 생각의 덫에 빠집니다. 경제 뉴스를 매일 스크랩하고 투자 서적을 산더미처럼 쌓아 두지만, 정작 자기 돈 만 원 한 장 넣어 본 적 없는, 소위 방구석 워런 버핏이 되는 것입니다.

전문가들은 이런 현상을 분석 마비Analysis Paralysis라고 부릅니다. 노벨 경제학상 수상자이자 경영과학의 아버지로 불리는 허버트 사이먼 교수는 이 현상의 원인을 명쾌하게 설명했습니다. 사이먼 교수의 이론에 따르면, 인간은 모든 정보를 파악해서 가장 완벽한 답을 찾으려는 본능이 있지만 현실에서는 정보의 홍수에 압도되어 오히려 아무것도 결정하지 못하고 얼어붙는 상태에 빠집니다. 이것이 곧 분석 마비입니다.

마치 맛집 메뉴판에 수십 가지 메뉴가 적혀 있어 무엇을 시킬지 끝없이 고민하다 결국 주문 타이밍을 놓치는 것과 같습니다. 완벽하게 준비될 때까지 기다리는 것이야말로 여러분의 성공을 가로막는 가장 큰 걸림돌입니다.

주식 투자와 한 번 비교해 볼까요? 주식시장에는 수천 개의 회사가 있습니다. 좋은 회사를 고르려면 재무제표니, 산업 전망이니 공부할 게 너무 많아 시작도 하기 전에 지레 겁을 먹게 됩니다.

하지만 달러 투자는 어떤가요? 우리가 투자할 대상은 사실상 정해져 있습니다. 세상에서 가장 강력한 통화인 미국 달러와 대표적 안전자산인 일본 엔, 이게 전부입니다. 우리는 복잡한 기업 분석 과정을 건너뛰고, 아주 빠르게 실전 경험을 쌓을 수 있는 최고의 환경에 놓인 셈입니다.

행동경제학의 창시자이자 노벨 경제학상 수상자인 대니얼 카너먼 교수는 이렇게 말했습니다.

"정보를 더 많이 모은다고 해서 판단력이 저절로 더 좋아지는 건 아니다."

투자의 전설 워런 버핏 역시 항상 단순함을 강조합니다.

"투자는 IQ 160이 IQ 130을 이기는 게임이 아니다."

이 말은 투자가 지식 자랑 대회가 아니라는 뜻입니다. 핵심 원칙을 이해했다면 그다음은 오직 실행의 영역입니다.

수영을 책으로만 배운다고 상상해 보세요. 물의 부력, 팔다리를 젓는 원리를 아무리 달달 외운들, 물에 직접 들어가지 않으면 영원히 맥주병 신세를 면치 못합니다. 물에 대한 두려움을 이기는 유일한 방법은 얕은 물에라도 발을 담그고 그 감각을 온몸으로 겪어 보는 것뿐입니다.

달러 투자도 똑같습니다.

"만약 지금이 역사상 가장 비싼 고점이면 어떡하죠?"

걱정하지 마세요. 여러분은 아무 때나 사지 않을 것입니다. 과거 25년간의 데이터로 검증된 '절대 잃기 힘든 안전한 진입 구간'에서만 첫발을 내디딜 것입니다.

그리고 그 구간에 들어섰을 때는 큰 금액이 아니어도 괜찮습니다. 단돈 10달러, 1,000엔이라도 직접 한 번 사 보세요. 내가 산 외화 옆에 +50원, -30원 같은 숫자가 표시되고, 환율이 움직일 때마다 평가 금액이 실시간으로 바뀌는 걸 직접 눈으로 확인하게 될 겁니다. 그 순간부터 환율은 더 이상 뉴스 속 숫자가 아니라, 내 돈의 가치가 움직이는 직접적인 문제로 느껴지기 시작합니다.

"고작 몇십 원 버는 게 무슨 의미가 있나요?"

이 경험의 목표는 돈을 버는 것이 아닙니다. 여러분의 뇌에 2가지 사실을 망치로 새기는 것입니다.

첫째, '아, 환율은 계속해서 변하는구나.'

둘째, '이 움직임을 돈으로 바꿀 수 있구나.'

이 당연한 사실을 머리가 아닌 몸으로 체감하는 순간 여러분은 투자책 수십 권을 읽는 것보다 훨씬 더 깊고 짜릿한 깨달음을 얻게 될 것입니다. 막연했던 이론이 비로소 손끝의 감각으로, 살아 있는 경험으로 바뀌는 순간입니다. 그렇게 처음으로 벌어들인 단돈 100원의 수익. 그 경험은 그 어떤 강의보다 값진 교훈을 줍니다.

"어? 이게 진짜 되네?"

이 작은 성공의 경험이야말로 여러분을 계속 앞으로 나아가게 할 가장 강력한 엔진이 되어 줄 것입니다.

'공부 좀 더 하고….', '아직은 때가 아니야.' 같은 변명 뒤에 숨지 마세요. '완벽하게 자신감이 생길 그날'은 영영 오지 않습니다. 제가 알려 드릴 공식은 정말 단순하고 명확합니다. 그러니 제발 공부만 하지 말고 단돈 100원이라도 벌어 보세요.

Chapter 2

달러 투자자가 꼭 알아야 할 핵심 상식

환율
: 달러의 가격이 아닌 교환 비율이다

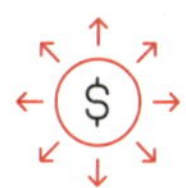

환율, 이 두 글자만 봐도 머리가 지끈거리시나요?

뉴스를 보면 전문가들이 나와 기준금리가 어쩌고, 무역수지가 저쩌고 하는 말들로 환율의 미래를 점칩니다. "저런 걸 다 알아야 달러 투자를 할 수 있나?" 하는 생각에 시작도 하기 전에 포기하는 분들을 정말 많이 봤습니다.

자, 결론부터 시원하게 말씀드리겠습니다. 그것 다 몰라도 돈 버는 데 아무 지장 없습니다.

지금부터 복잡한 경제 이론 대신 돈 버는 데 꼭 필요한 환율의 핵심 원리 딱 한 가지만 제대로 파헤쳐 보겠습니다.

환율은 가격이 아니라 교환 비율이다

많은 분이 환율을 외화의 가격이라고 생각하지만, 이 생각부터 완전히 바꿔야 합니다. 환율은 가격이 아니라 교환 비율입니다. 이 사실을 이해하지 못하면 여러분은 반드시 돈을 잃습니다. 쉽게 이해하려면, 양쪽에 접시가 달린 양팔저울을 상상하면 됩니다.

한쪽 접시 위에는 미국의 달러 동전 1개를, 반대쪽 접시 위에는 한국의 원화 동전을 올려 수평을 맞추는 게임입니다. "환율이 1,400원이다."라는 말의 진짜 그림은 이렇습니다. 달러 동전 1개와 수평을

달러와 원화의 교환 비율(달러/원 환율)

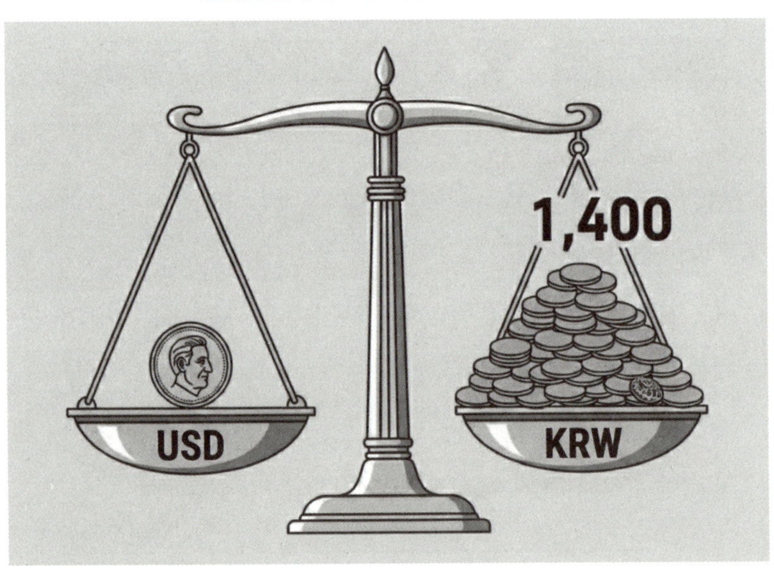

맞추려면 반대쪽에 원화 동전을 1,400개나 올려놓아야 겨우 균형이 맞는다는 뜻입니다.

자, 여기서 환율의 모든 것이 설명됩니다.

어느 날, 미국 경제가 조금 안 좋아져서 달러 동전의 무게(가치)가 살짝 가벼워졌다고 가정해 봅시다. 그럼 달러 동전 1개와 균형을 맞추기 위해 필요한 원화 동전의 개수가 1,300개로 줄어들 겁니다. 이것이 바로 환율 하락입니다.

여기서는 초보자들의 이해를 돕기 위해 "미국 경제가 안 좋아져서 달러 가치가 떨어진다."라고 단순하게 설명했지만, 실제 시장에서는 미국 경제가 나빠진다고 해서 환율이 꼭 내려가지는 않습니다. 미국의 경기가 흔들리면 전 세계 금융시장이 불안해지고, 투자자들은 위험을 피하려고 안전자산인 달러로 이동하기 때문입니다. 그래서 오히려 달러 강세가 될 때도 있습니다.

그런데 만약 같은 날, 한국 경제에 더 큰 문제가 생겨서 달러 동전의 무게가 가벼워진 것 이상으로 원화 동전의 무게가 훨씬 더 가벼워졌다면 어떻게 될까요?

솜털처럼 가벼워진 원화 동전으로는 조금 가벼워진 달러 동전 1개의 무게를 감당하기 위해 예전보다 더 많은 1,500개를 올려야 겨우 균형이 맞게 됩니다. 이것이 바로 환율 상승입니다.

이게 전부입니다. 환율은 한쪽 돈의 절대적인 가치가 아니라 두 나라 돈의 상대적인 힘겨루기 결과물입니다. 이 양팔저울 원리만 이해하면 많은 분이 가장 크게 하는 걱정도 아주 쉽게 해결됩니다.

엔화,
정말 휴지조각이 될 수 있을까?

엔화 환율이 0원이 된다는 것은 양팔저울 위에서 어떤 의미일까요? 일본 엔화 동전 1개를 올려놓았을 때 균형을 맞추기 위해 필요한 한국 원화 동전이 0개라는 뜻입니다. 이런 일이 일어나려면 일본이라는 나라가 지구상에서 사라지거나 원화의 가치가 무한정 높아져야 합니다. 현실적으로 불가능한 이야기죠.

하지만 여전히 불안한 마음은 남아 있을 수 있습니다.

"뉴스 보면 일본 경제가 30년째 불황이라던데요? 잃어버린 30년이라잖아요."

맞습니다. 하지만 여기서 우리는 경제의 성장 속도와 그 나라가 가진 경제적 기초 체력을 구분해야 합니다. 마치 현역에서 은퇴한 부자가 연봉(성장)은 없어도 젊은 시절에 사 둔 빌딩에서 나오는 월세(자산 소득)로 떵떵거리고 사는 것과 같습니다.

일본이 망하지 않는, 아니 망할 수 없는 부자 나라인 이유를 3가지 사실로 증명해 드리겠습니다.

첫째, 일하지 않아도 들어오는 돈이 더 많다(구조적 변화)

일본은 2024년 기준 경상수지 흑자가 약 30조 엔을 넘었습니다. 여기서 가장 놀라운 점은 무역으로 버는 돈보다 해외 자산에서 들어오는 이자와 배당금이 약 40조 엔으로 사상 최대였다는 사실입니다.

일본은 이제 물건을 팔아 돈을 버는 나라가 아닌, 해외에 쌓아 둔 자산에서 나오는 막대한 이자 수익으로 먹고사는 투자 강국으로 완벽히 체질을 바꿨습니다.

둘째, 세계 최대 규모의 달러 금고를 가졌다(기초 체력)

혹시라도 위기가 오면 꺼내 쓸 비상금이 두둑합니다. 2025년 5월 기준, 일본은 전 세계에서 미국 국채를 가장 많이 보유한 나라입니다. 보유량은 무려 1조 1,000억 달러(약 1,500조 원)가 넘습니다. 이는 단순한 종잇조각이 아니라 일본 경제가 흔들릴 때 언제든 현금화하여 방어할 수 있는 강력한 안전판입니다. 우리나라 1년 예산의 2배가 넘는 돈을 미국 정부에 빌려주고 있는 나라가 망할까요?

셋째, 압도적인 시장 규모를 자랑한다(경제 체급)

경제 규모 자체가 다릅니다. 일본 주식시장(프라임 등 전체)의 시가총액은 약 6조 달러 규모로 우리나라 전체 주식시장의 3배에 달합니다. 아시아에서 최대 규모를 자랑하며 도요타, 소니, 닌텐도 같은 세계적인 기업들이 포진해 있는 이 거대한 시장은 일본 경제를 지탱하는 튼튼한 뼈대입니다.

전 세계에서 미국에 가장 많은 돈을 빌려주고, 해외 자산에서 매년 40조 엔이 넘는 이자가 쏟아져 들어오며, 한국 증시의 3배 규모이면서 아시아 시가총액 1위(2024년 1월 기준) 나라의 돈이 휴지 조각이 된다는 걱정은 접어 두어도 좋습니다.

우리는
베테랑 드라이버가 된다

자, 그럼 동전의 무게로 표현했던 이 양팔저울을 움직이는 힘은 무엇일까요? 뉴스에서 말하는 기준금리, 무역수지 등 수십 가지 요인이 복잡하게 얽혀 있습니다. 하지만 다시 한 번 강조하겠습니다.

우리는 이 모든 것을 알 필요가 없습니다.

"아무것도 모르고 투자하는 건 너무 무책임한 것 아닙니까?"

아주 합리적인 의심이지만 우리는 아무것도 모르는 것이 아닙니다. 우리가 운전을 배울 때 엔진의 복잡한 연소 원리까지 공부하지는 않습니다. 그 모든 기술이 만들어 낸 속도계와 핸들을 이용해서 목적지까지 안전하게 가면 그만입니다. 우리는 수많은 경제학자가 평생을 바쳐 분석하는 그 모든 요인이 만들어 낸 최종 결과물, 즉 환율이라는 숫자 하나에만 집중할 것입니다.

우리는 경제학 박사가 되려는 것이 아닙니다. 그러니 우리는 환율이라는 속도계만 보고 우리가 정한 공식에 따라 기계적으로 행동하는 베테랑 드라이버가 되려는 것입니다.

오늘 배운 내용을 딱 세 문장으로 정리해 보겠습니다.

- 환율은 두 돈의 상대적 가치를 보여 주는 양팔저울이다.

- 달러나 엔화가 휴지 조각이 될 확률은 사실상 없다.

- 복잡한 경제 뉴스를 분석하는 대신, 우리는 그 결과물인 환율만 본다.

이것이 바로 스트레스 없이 꾸준히 달러 투자로 돈을 버는 가장 확실한 길입니다.

· 사실 'JPY/KRW'은 존재하지 않는다?' ·

여기서 대부분의 투자자가 모르는 사실을 하나 알려 드리겠습니다. 사실, 우리가 보는 엔/원JPY/KRW 환율은 국제 외환시장에 공식적으로 존재하지 않습니다.

"네? 은행 앱에 버젓이 숫자가 나오는데요?"

물론입니다. 하지만 그 과정에는 보이지 않는 단계가 하나 숨어있습니다. 우리가 보는 엔/원 환율은 2개의 다른 환율을 통해 계산된 재정환율Cross Rate입니다.

국제 외환시장은 거대한 환승센터이고, 그 중심에는 허브 공항처럼 미국 달러USD가 있습니다. 우리가 원화를 엔화로 바꾸고 싶다면 시장은 이런 과정을 거칩니다.

1. **원화 → 달러 환전** : 달러/원 환율 적용
2. **달러 → 엔화 환전** : 달러/엔 환율 적용

은행은 이 두 번의 환전 과정을 순식간에 계산해서 우리에게 최종 결과값인 엔/원 환율을 보여 주는 것입니다. 실질적으로 우리 투자에 미치는 영향은 없지만 이 사실은 매우 중요합니다. 우리가 투자하는 엔화의 가치마저도 결국 미국 달러라는 거대한 기준점을 통해 결정된다는 것을 의미하기 때문입니다. 이를 통해 우리는 왜 달러가 모든 외화 투자의 중심이 되는지를 다시 한 번 깨닫게 됩니다.

환율 스프레드
: 은행만 배불린다는 환전수수료의 실체

"달러 투자, 그거 환전수수료 떼고 나면 남는 게 있나요? 결국 은행만 좋은 일 시키는 것 아닙니까?"

제가 정말 많이 받는 질문입니다. 이 질문에 대한 가장 확실한 답은 제 말이 아니라 여러분의 계산기에 있습니다. 한 번 같이 계산해 보겠습니다.

우선, 우리가 항상 헷갈리는 용어부터 쉽고 확실하게 정리하고 넘어가겠습니다.

은행 앱을 켜서 환율을 조회하면 우리가 달러를 살 때와 팔 때의 가격이 다른 것을 볼 수 있습니다. 살 때는 1,392.8원인데 팔 때는 1,391.99원인 식입니다. 이 가격의 차이를 바로 환율 스프레드라고

하나은행 FX마켓 앱의 환율 고시

FX마켓

54 ⊖ AED 379.13 ▲ 0.61 ◐ AUD 911.19 ▲ 2.55 ◑ BHD 3,693.27 ▲

USD ∨ 우대 97%

지금 USD 팔래요가 더 많아요 ?

내가 팔면   내가 사면
1,391.99 ⓘ **1,392.80**
1,378.80 ▲ 2.30   1,406.00 ▲ 2.30

부릅니다.

동네 과일 가게를 떠올리면 완벽하게 이해됩니다. 가게 사장님은 사과를 도매시장에서 1,000원에 사 와서 우리에게 1,200원에 팝니다. 은행도 똑같습니다. 환율의 원가(매매기준율)에 자신들의 이익을 붙여서 우리에게 팔고, 이익을 떼고 우리에게서 사는 것입니다.

이때 우리가 기억할 것은 딱 하나입니다. 우리는 공항에서 바꾸는 지폐, 즉 현찰로 투자하지 않습니다. 현찰은 보관 비용 때문에 수수료(1.75%)가 비쌉니다. 우리는 스마트폰 앱으로 숫자로만 거래하는 훨씬 저렴한 전신환(0.97%-1%)을 이용할 것입니다. 물론, 상황에 따라 현찰 방식으로 투자를 하기도 하지만, 일반적인 상황에서 우리의 기준은 전신환입니다.

그리고 이 전신환 수수료마저 요즘은 은행과 증권사들이 "조건 없이 환율 우대 90% 해드립니다!" 하고 경쟁적으로 혜택을 제공하면서 사실상 의미가 없어졌습니다.

"90% 우대, 아무나 다 받을 수 있는 건가요?"

네, 그렇습니다. 예전에는 VIP 고객의 전유물이었지만, 이제는 고객 유치를 위한 금융사들의 경쟁 덕분에 아무 조건 없이 90% 이상 우

달러, 엔화 투자 시 환율 우대율에 따른 비용 계산

기준환율 (USD/KRW)	기준환율 (JPY/KRW)	전신환 수수료	우대율	기준환율과의 차이(USD)	기준환율과의 차이(JPY)	100만 원 투자 시 발생 비용
1,300원	900원	1%	100%	0원	0원	-
1,300원	900원	1%	95%	0.6원	0.4원	500원
1,300원	900원	1%	90%	1.3원	0.9원	1,000원
1,300원	900원	1%	85%	1.9원	1.3원	1,500원
1,300원	900원	1%	80%	2.6원	1.8원	2,000원
1,300원	900원	1%	75%	3.2원	2.2원	2,500원
1,300원	900원	1%	70%	3.9원	2.7원	3,000원
1,300원	900원	1%	65%	4.5원	3.1원	3,500원
1,300원	900원	1%	60%	5.2원	3.6원	4,000원
1,300원	900원	1%	55%	5.8원	4원	4,500원
1,300원	900원	1%	50%	6.5원	4.5원	5,000원

대받는 것이 기본이자 상식이 되었습니다.

그럼 우대율 90%를 적용하면 100만 원을 투자할 때 발생하는 실제 비용은 얼마일까요? 단돈 1,000원, 투자금의 0.1%에 불과합니다. 여기에 달러 투자로 얻은 수익에 대한 세금은 0원입니다. 즉 달러 투자의 총비용은 투자금의 0.1%가 전부라는 뜻입니다.

이제 똑똑한 독자분이라면 여기서 한 걸음 더 나아간 질문을 할 것입니다.

"수수료가 아무리 싸도 환율이 그만큼 움직이지 않으면 의미 없지 않나요?"

정말 날카롭고 중요한 질문입니다. 우리가 낚시를 하러 가는데 낚싯줄 값이 물고기 값보다 비싸면 안 되기 때문입니다. 과연 외환시장이라는 바다에는 우리가 낚을 만한 물고기(수익 기회)가 매일 나타날까요?

데이터를 확인해 보겠습니다.

- **원/달러 환율은 지난 5년간 조용한 날조차도 하루 평균 약 8.2원씩 위아래로 움직였습니다.**
- **원/엔 환율(100엔 기준) 역시 하루 평균 약 6.5원씩 꾸준히 파도를 만들었습니다.**

  * 2020년 7월부터 2025년 7월까지 5년간 연합인포맥스 데이터 기반 일평균 변동폭

우리가 한 번 거래할 때 내는 비용(기준 환율과의 차이)은 고작 1~2

원 수준인데, 환율은 매일 평균 6~8원 이상 움직이고 있다는 뜻입니다. 최근에는 변동성이 커져서 하루에 15원, 20원씩 움직이는 날도 자주 있습니다. 우리의 미끼 값보다 훨씬 큰 월척들이 매일같이 눈앞에서 헤엄쳐 다니는 셈입니다.

우리는 10년에 한 번 오는 거대한 쓰나미를 노리는 투기꾼이 아닙니다. 매일같이 잔잔하지만 꾸준하게 밀려오는 파도를 이용해 안전하게 물고기를 잡는 현명한 어부가 되려는 것입니다. 그리고 보시다시피 우리 앞바다에는 물고기가 아주 충분합니다.

이제 명확해졌을 겁니다. 환전수수료 때문에 손해라는 말은 이런 사실을 모르는 분들의 근거 없는 오해일 뿐입니다. 오히려 다른 어떤 투자보다도 여러분에게 유리한, 가장 착한 투자입니다. 그러니 이제 낡은 오해는 버리고, 가벼운 마음으로 투자를 시작하기 바랍니다.

· 환전수수료 직접 계산해 보기 ·

환전수수료를 계산하는 공식은 아래와 같습니다.

$$매매기준율 \times 수수료율 \times (100 - 우대율)\%$$

증권사를 기준으로 전신환 수수료율은 보통 1% 내외입니다. 예를 들어, 달러/원 환율의 매매기준율이 1,400원이고, 95% 우대율을 받는다고 가정하고 직접 계산해 보겠습니다.

1,400원 × 1% × (100 - 95)% = 1,400원 × 0.01 × 0.05 = 0.7원

즉 1달러를 사고팔 때마다 약 0.7원의 수수료가 발생합니다.

▶ **내가 살 때 가격** : 1,400원 + 0.7원 = 1,400.7원

▶ **내가 팔 때 가격** : 1,400원 - 0.7원 = 1,399.3원

결론적으로, 매매기준율이 1,400원일 때 환율이 약 1.4원(0.7원 × 2) 이상만 오르면 수익을 볼 수 있다는 계산이 나옵니다.

엔화도 마찬가지입니다. 매매기준율이 950원이고, 95% 우대율을 받고 있다고 가정해 보겠습니다

950원 × 1% × (100 - 95)% = ≅ 0.48원

  100엔당 약 0.48원의 수수료가 발생하게 되므로 매매기준율이 950원인 상황에서 환율이 0.96원 이상 오르면 수익을 볼 수 있습니다. 즉 증권사를 통해 95% 우대를 받는 상황에서 달러 또는 엔화를 사거나 판다고 하면, 최종 적용환율을 확인하지 않아도 해당 증권사에서 고시하고 있는 매매기준율과 내가 적용받는 우대율만 알고 있어도 즉시 '아, 지금 사면(팔면) 얼마겠구나.'를 판단할 수 있습니다.

3

세금
: 환차익에 세금이 붙지 않는 이유

"달러 투자로 수익이 났는데 세금을 안 낸다고요? 대한민국에서 그게 가능한 일입니까?"

지극히 합리적이고 정상적인 의심입니다. '돈을 번 곳에 세금이 있다.'는 건 우리가 평생 배운 상식 중의 상식이니까요. 비과세라는 말이 거짓말처럼 들리는 것도 당연합니다. 인터넷에 떠도는 '카더라' 정보나 다른 사람의 글을 인용하는 것만으로는 이 불안감을 100% 해소해 드릴 수 없다고 생각했습니다.

그래서 제가 독자 여러분을 대신해 직접 국세청에 공식적으로 질의했습니다. 그리고 국세청으로부터 다음과 같이 명확한 답변을 받았습니다.

환차익에 대한 국세청 답변

나의 상담 내역

· 고객님께서 등록하신 상담 내역입니다.

총 1건의 게시물이 있습니다.   선택 삭제

	번호	상담유형	제목	상담상태	상담일	답변일
☐	1	세법상담	개인이 투자를 목적으로 얻은 환차익은 비과세가 맞나요?	처리완료	2025-11-13	2025-11-13

Ⓐ 답변   답변일 2025-11-13

안녕하십니까? 항상 국세행정에 대한 관심과 협조에 감사드립니다.

거주자가 일시적으로 외화를 획득하여 원화로 환전함으로써 얻은 환차익은 소득세 과세소득에 해당하지 아니한 것입니다.

다만, 사업상 목적으로 외화에 투자하여 이익을 얻은 경우에는 「소득세법」 제19조제1항제11호에 따른 사업소득에 해당하는 것으로서 귀 질의의 경우가 이에 해당하는지 여부는 거래규모, 거래기간, 횟수, 거래 동기 등 구체적인 사실관계에 따라 판단할 사항입니다.

아래의 관련 해석사례를 참고하시기 바랍니다.

항상 건강하시고, 늘 행복이 가득하시기를 기원합니다. 감사합니다.

국세청의 답변이 아주 명쾌하죠? 핵심 문장을 다시 한 번 볼까요?

"거주자가 일시적으로 외화를 획득하여 원화로 환전함으로써 얻은 환차익은 소득세 과세대상에 해당하지 아니한 것입니다."

여기서 '거주자'는 바로 이 글을 읽는 우리들, '일시적으로 획득하여 환전'하는 것은 바로 우리가 하려는 투자를 의미합니다. 즉 개인이 투자 목적으로 얻은 환차익은 과세 대상이 아니라고 세법을 집행하는 국가기관이 공식적으로 확인해 준 것입니다.

"아니, 어떻게 돈을 벌었는데 세금을 안 낼 수가 있죠?"

이쯤 되면 '왜?'라는 궁금증이 생길 겁니다. 이유는 아주 간단합니다. 대한민국 세법은 열거주의라는 방식을 따르기 때문입니다. 쉽게 말해, 나라에서 세금을 걷기 위해 "이런이런 소득이 생기면 세금을

내세요." 하고 법에다 과세 대상 소득의 이름표를 하나하나 적어 놨다(열거했다)는 뜻입니다.

이 이름표가 바로 소득세법 제4조(소득의 구분)입니다. 이 법조문을 열어 보면, 1번 이자소득, 2번 배당소득, 3번 사업소득, 4번 근로소득… 식으로 우리가 아는 대부분의 소득이 쭉 나열되어 있습니다. 그런데 '개인이 사업 목적이 아닌 순수 투자로 얻은 환차익'이 해당되는 소득의 구분은 없습니다.

국세청의 답변도 바로 이 법에 근거한 겁니다. '과세 대상이 아니다.'라는 말은 세금을 깎아 주는 혜택이 아니라 세금을 걷을 법적 근거가 애초에 없다는 뜻입니다. 그러니 우리는 탈세 걱정 없이 합법적으로 세금을 내지 않는 것입니다.

대부분의 사람이 가장 많이 하는 치명적인 착각

자, 그런데 여기서 정말 중요한, 많은 분이 헷갈려하는 게 하나 있습니다.

"제 외화예금 통장에서 세금 떼어 갔는데요?"

이건 환차익과 이자를 혼동한 것입니다. 우리가 세금을 내지 않는 것은 환율 변동으로 얻은 환차익뿐입니다. 만약 여러분이 달러를 외화 예금이나 외화RP 같은 상품에 넣어 두고 이자를 받았다면, 그 이자는 소득세법에 떡하니 이름이 적혀 있는 이자소득입니다. 당연히 15.4%의 세금을 내야 합니다.

예시를 들어 보겠습니다.

여러분이 1,300원에 10,000달러를 샀습니다. (원금 : 1,300만 원)

이 돈을 연 5% 이자를 주는 외화 예금에 1년간 넣어 뒀습니다.

1년 뒤 이자 500달러(10,000달러×5%)가 통장에 찍혔습니다.

환율이 1,400원으로 올랐을 때 원금과 이자에 해당하는 달러를 모두 팔았습니다.

이때 여러분의 수익은 두 종류로 나뉩니다.

1. **환차익** : 원금 10,000달러를 매수할 때의 환율보다 상승하여 발생한 수익

   (1,400원 - 1,300원) × 10,000달러 = 100만 원 → 세금 : 0원

2. **이자소득** : 이자로 받은 500달러

   500달러 × 1,400원 = 70만 원 → 세금 : 70만 원의 15.4%인 107,800원

이해가 되시나요? 은행은 여러분의 환차익 100만 원에 대해서는 1원도 건드리지 않습니다. 오직 이자로 받은 70만 원에 대해서만 세금을 떼어 가는 겁니다.

물론, 국세청 답변에 '사업상 목적'이라는 단서가 붙어 있어 걱정될 수 있습니다. 하지만 여기서 말하는 '사업상 목적'이란 실제 사업자등록을 한 개인사업자나 법인이 사업 운영과 관련하여 거래를 하는 경우를 뜻합니다. 개인이 투자를 목적으로 매일매일 거래한다고

해서, 혹은 거래 금액이 크다고 해서 이를 사업으로 간주해 세금을 매기지는 않습니다. 사업자가 아닌 개인 자격으로 하는 투자는 안심해도 됩니다.

수수료가 0.1%에 불과한데 수익에 대한 세금은 없다. 이것이 바로 달러 투자가 다른 어떤 투자보다 강력하고 유리하다고 볼 수 있는 이유입니다. 이제 제가 직접 국세청을 통해 확인한 이 합법적인 혜택을 마음껏 누릴 준비만 하면 됩니다.

4

외환시장
: 새벽과 토요일에도 환율이 움직이는 이유

주식 투자를 해 봤다면 거래가 멈추는 마감 시간이 익숙할 겁니다. 그런데 새벽 시간, 혹은 토요일 오전에 환전 앱을 켰다가 환율이 움직이는 것을 보고 "어? 왜 환율이 움직이지?" 하고 고개를 갸웃한 경험이 한 번쯤 있을 겁니다.

결론부터 말씀드리면, 외환시장은 우리가 잠든 깊은 새벽에도, 주말 아침에도 활발하게 살아 숨 쉬는, 잠들지 않는 시장입니다.

우선 가장 먼저 알아야 할 것은 외환시장이라는 것이 증권거래소처럼 한곳에 있는 건물이 아니라는 점입니다. 외환시장은 전 세계 주요 도시의 은행과 금융사들을 네트워크로 촘촘하게 연결해 놓은, 거대한 온라인 운동장과 같습니다.

시간	개장 중인 나라
AM 08시~PM 06시	시드니, 도쿄, 싱가포르, 바레인
PM 04시~ AM 02시	취리히, 프랑크푸르트, 파리(런던 오후 5시 개장)
PM 10시~ AM 06시	뉴욕
PM 06시~ AM 08시	샌프란시스코, 웰링턴

출처 : 신한투자증권 「FX마진 특징」 가이드

이 운동장에서 돈의 계주가 24시간 내내 펼쳐진다고 상상하면 아주 쉽습니다.

- **첫 번째 주자(우리나라 새벽)** : 지구에서 가장 먼저 아침을 맞는 호주 시드니에서 출발 총성이 울립니다.
- **두 번째 주자(우리나라 오전)** : 그 배턴을 이어받아 일본 도쿄, 싱가포르, 서울이 달립니다.

- **세 번째 주자(우리나라 저녁)** : 우리가 퇴근할 시간이 가까워질 무렵 영국 런던과 독일 프랑크푸르트가 배턴을 넘겨받습니다.
- **네 번째 주자(우리나라 한밤중)** : 마지막 주자인 미국 뉴욕이 시장의 대미를 장식하며 달립니다.

시드니 시장이 문을 닫을 때쯤 런던 시장이 열리는 식으로, 각 나라의 시간이 맞물려 돌아가기 때문에 이 계주는 끊길 틈이 없습니다. 월요일 새벽부터 토요일 새벽까지 단 한 순간도 멈추지 않는 것입니다.

이제 토요일 오전에 환율이 움직이는 이유를 아시겠나요? 우리나라 토요일 오전 10시는, 지구 반대편 뉴욕에서는 금요일 밤 9시(서머

인베스팅 닷컴의 달러/원 환율 고시

타임 적용 시)입니다. 즉 우리가 잠을 자는 밤이나 주말 아침이라도 달러의 움직임을 결정하는 뉴욕 시장은 여전히 활동 중이라는 뜻입니다. 만약 뉴욕 시장이 열려 있는 시간 동안 중요한 경제 지표가 발표되거나 투자자들이 활발하게 거래하고 있다면 달러 가치가 크게 요동치고 우리는 그 결과를 토요일 아침에 실시간으로 보게 되는 것입니다.

이 사실은 우리처럼 바쁜 직장인 투자자에게는 정말 엄청난 기회를 의미합니다. 주식처럼 거래 시간이 정해져 있다면 일과 중에 짬을 내서 투자에 신경 쓰기가 얼마나 어렵겠습니까? 하지만 외환시장은 우리가 퇴근하고 편안하게 저녁을 먹은 뒤에도, 아이를 재우고 난 늦은 밤에도, 심지어 주말 오전에 커피를 마시는 여유로운 순간에도 항상 우리를 기다려 줍니다.

이제부터 새벽에, 혹은 토요일 오전에 환율이 움직여도 당황하지 마시기 바랍니다. 그 흐름을 이해하는 여러분은 이제 막 진짜 달러 투자의 문을 연 것입니다.

· 달러 투자를 위한 프라임 타임 ·

24시간 열려 있는 이 시장에도, 특별히 더 주목해야 할 프라임 타임Prime Time이 존재합니다. 바로 세계 경제의 중심, 미국의 주요 경제 지표가 발표되는 시간입니다.

"경제 지표를 알 필요가 없다고 하지 않았나요?"

맞습니다. 우리는 지표의 결과를 예측하거나 분석할 필요가 전혀 없습니다. 우리가 알아야 할 것은 언제 변동성이 커지는지,

인베스팅닷컴의 경제 캘린더

시간	외화	중요성	이벤트	실제	예측	이전
			2025년 7월 29일 화요일			
23:00	USD	★ ★ ★	CB 소비자신뢰지수 (7월)	97.2	95.9	95.2
23:00	USD	★ ★ ★	미국 노동부 JOLTS (구인, 이직 보고서) (6월)	7.437M	7.510M	7.712M
			2025년 7월 30일 수요일			
21:15	USD	★ ★ ★	ADP 비농업부문 고용 변화 (7월)	104K	77K	-23K
21:30	USD	★ ★ ★	GDP (QoQ) (2분기) Ｐ	3.0%	2.5%	-0.5%
23:30	USD	★ ★ ★	원유재고	7.698M	-2.300M	-3.169M
			2025년 7월 31일 목요일			
03:00	USD	★ ★ ★	연방공개시장위원회 성명서			
03:00	USD	★ ★ ★	금리결정	**4.50%**	4.50%	4.50%
03:30	USD	★ ★ ★	FOMC 기자 회견			
21:30	USD	★ ★ ★	근원 소비지출물가지수 (MoM) (6월)	0.3%	0.3%	0.2%
21:30	USD	★ ★ ★	근원 개인소비지출 물가지수 (YoY) (6월)	2.8%	2.7%	2.8%
21:30	USD	★ ★ ★	신규 실업수당청구건수	218K	222K	217K
			2025년 8월 1일 금요일			
21:30	USD	★ ★ ★	미국 평균 시간당 임금 (MoM) (7월)	0.3%	0.3%	0.2%
21:30	USD	★ ★ ★	비농업고용지수 (7월)	73K	106K	14K
21:30	USD	★ ★ ★	실업률 (7월)	**4.2%**	4.2%	4.1%
22:45	USD	★ ★ ★	제조업 구매관리자지수 (7월)	49.8	49.5	52.9
23:00	USD	★ ★ ★	ISM 제조업구매자지수 (7월)	48.0	49.5	49.0

그것뿐입니다. 마치 파도가 높아지는 시간을 알고 서핑을 하러 나가는 서퍼와 같습니다. 파도의 방향을 예측하는 것이 아니라 파도 그 자체를 이용하는 것입니다.

미국의 주요 경제 지표는 대부분 우리나라 시간으로 밤 9시 30분(서머타임 적용 시) 또는 10시 30분에 발표됩니다. 또한 전 세계가 주목하는 미국의 기준금리 결정이나 연준 의장의 기자회견은 보통 새벽 3시(서머타임 적용 시) 또는 4시경에 진행됩니다.

이 시간에는 환율이 평소보다 훨씬 큰 폭으로 움직이기 때문에 우리가 계획했던 매수 가격이나 목표 매도 가격에 도달할 확률이 비약적으로 높아집니다. 우리에게 큰 변동성은 위험이 아니라 계획을 빠르게 실행할 수 있는 절호의 기회일 뿐입니다.

이것이 바로 달러 투자의 진짜 매력입니다. 프라임 타임이 우리의 일과 시간이 끝난 저녁과 새벽 시간대라 본업에 전혀 영향을 주지 않습니다. 달러 투자를 하다 보면 자연스럽게 이런 경제 지표 발표일에 관심을 갖게 되고, 지겨운 공부가 아니라 내 돈과 직결된 살아 있는 경제를 몸소 체험하게 될 것입니다.

5

법적 문제
: 절대 법에 어긋날 수 없는 달러 투자

달러 투자 관련 유튜브 영상에 달린 댓글

최근 제 유튜브 영상에 달린 실제 댓글입니다. 이 정도로 극단적인 걱정은 아니더라도 많은 분이 달러 투자라고 하면 뉴스에서 보던 불법 환치기를 떠올리며 마음 한구석이 찜찜하다고들 합니다. "이거 혹시 법에 어긋나는 것 아닐까?", "나도 모르는 신고 의무가 있는 건 아닐까?” 하고 말입니다.

자, 결론부터 명확하게 말씀드리겠습니다. 여러분이 은행이나 증권사를 통해 하는 모든 달러 투자는 100% 합법입니다. 이제부터 그 이유를 속시원하게 설명해 드릴 테니 걱정은 이 시간부로 완전히 잊으셔도 좋습니다.

환치기는 불법이잖아요?

환치기란 환율 차이로 돈을 버는 행위 자체가 아니라 금융당국의 허가를 받지 않은 무등록 업자를 통해 돈을 해외로 몰래 빼돌리는 외화 밀반출 범죄를 말합니다.

우리가 하려는 투자는 어떤가요? 은행이나 증권사 등 정식 외국환업무취급기관을 통해 본인 명의의 계좌에서 원화를 달러로 바꾸는 완벽하게 합법적인 금융 거래입니다. 절대로 불법적인 행위를 할 수가 없는 구조입니다.

5만 달러 이상 거래하면
신고해야 하나요?

이것 역시 우리와는 상관없는 이야기입니다. 외국환거래법에서 규정하는 신고 의무는 해외 유학 자금을 보내거나 해외 부동산을 사는 등 외화가 국경 밖으로 실제로 나갈 때 적용됩니다. 거주자와 비거주자 간의 지급 및 수령 또는 자본의 국경 간 이동을 규제하는 것이 목적입니다.

그런데 우리가 국내 은행 앱에서 원화를 달러로 바꾸는 것은 어떤가요? 그 돈은 여전히 대한민국 안에 있는 내 계좌에 보관되어 있습니다. 내 통장 안에서 원화가 달러로 옷만 갈아입은 셈입니다. 돈이 해외로 나간 적이 없으니 당연히 신고 의무도 없습니다.

큰 금액으로 거래하면
국세청에서 연락 온다던데요?

이것은 자금세탁 같은 불법 행위를 막기 위한 특정금융정보법 이야기입니다. 그래서 은행은 고액 현금 거래나 출처가 의심스러운 거래를 금융정보분석원FIU에 보고할 의무가 있습니다. 이건 달러 투자뿐만 아니라 모든 금융 거래에 해당되는 아주 일반적인 절차입니다.

그래서 우리가 수억, 수십억 원을 거래하면 원칙상 은행에서 확인

차 전화를 할 수는 있습니다. 하지만 전혀 걱정할 필요가 없습니다. 이것은 범죄 혐의 조사가 아니라 은행 창구에서 큰 금액을 이체할 때 목적을 묻는 것과 같은 지극히 정상적인 절차일 뿐입니다. 그때는 그냥 이렇게 딱 한마디만 하면 됩니다.

"환차익을 목적으로 투자하는 겁니다."

그러니 이제 법적인 문제에 대한 무거운 갑옷은 완전히 벗어던지기 바랍니다. 우리가 신경 쓸 것은 단 하나, 어떻게 수익을 낼 것인가 뿐입니다.

다음 장부터는 그저 기계적으로 따라만 해도 누구나 S&P500의 연평균 수익률(약 10% 수준)을 이길 수 있는 달러 투자 절대 공식을 공개하겠습니다. 이 공식을 모르고 투자한다면 여러분은 앞서 이야기했던 홀짝 게임 투자자와 다를 바 없습니다.

· 저는 감독기관의 전화를 받아 봤을까요? ·

이론적인 설명을 들어도 여전히 불안한 분들을 위해 저의 실제 투자 경험을 말씀드리겠습니다.

실제 거래내역(거래 규모 인증)

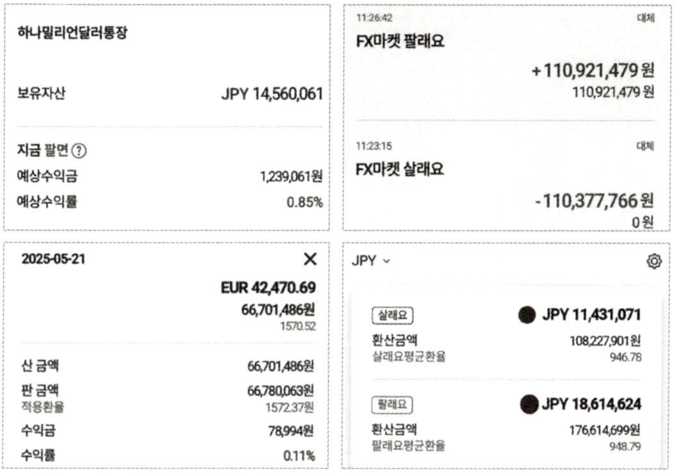

저는 단 한 번의 거래에도 수억 원을 환전하고, 연간 거래액은 수십억 원을 훌쩍 넘어갑니다. 그럼에도 불구하고 저는 은행이나 다른 어떤 감독기관으로부터 단 한 통의 확인 전화도 받아 본 적이 없습니다.

요즘 하나은행의 FX마켓 같은 서비스를 보면, 저보다 훨씬 큰 규모로 거래하는 개인 투자자가 정말 많다는 것을 알 수 있습니다. 은행에서 오히려 거래 금액 랭킹까지 보여 주며 고객들의 투자를 독려합니다. 만약 이것이 조금이라도 불법의 소지가 있다면, 이렇게 대놓고 투자 대회를 열 수 있을까요? 불가능할 것입니다.

하나은행 FX마켓 탑트레이더 랭킹

Chapter 3

돈 버는 달러 투자자가 되는 절대 공식

S&P500도 이기는
달러 투자 절대 공식

이제 여러분의 투자 인생을 완전히 바꿔 놓을 단 하나의 공식을 공개합니다. 이 공식은 코스피는 물론, 세계 최고의 주식시장이라 불리는 S&P500의 연평균 수익률마저 압도하는 강력한 무기가 될 것입니다. 놀라운 점은 복잡한 경제 전망이나 차트 분석이 전혀 필요 없다는 사실입니다. 오직 원칙에 근거하여 누구나 즉시 실행할 수 있는, 지극히 명료하고도 강력한 공식입니다.

"S&P500을 이긴다는 비밀이 고작 이거라고?"

네, 이게 전부입니다. 우리는 천재가 아닙니다. 세계적인 천재들이 모여 있는 글로벌 투자은행들도 예측하지 못하는 게 환율입니다. 경제 전문가들을 우리 같은 평범한 사람이 어떻게 이길 수 있을까요?

복잡한 기술로? 절대 아닙니다. 이 지독한 단순함과 기계적인 시스템이야말로 천재들을 이기는 유일한 무기입니다. 이 공식의 진짜 무서움은 그저 숫자에 있는 게 아닙니다. 이 공식이 여러분에게서 3가지를 빼앗아 가는 데 있습니다.

1. **예측** : 더 이상 전문가의 말과 뉴스에 휘둘릴 필요가 없습니다. 예측이 아닌 '대응'을 할 뿐입니다.

2. **탐욕** : 기계적인 매매 규칙으로 감정이 끼어들 틈을 원천적으로 차단하니

다. 감정이 아닌 시스템으로 수익을 실현합니다.

3. **공포** : 남들이 폭락이라며 공포에 떨 때 우리는 확신을 갖고 삽니다. 공포의

순간은 우리가 가장 싸게 살 수 있는 기회입니다.

성공적인 투자자들은 단순한 원칙을 기계처럼 지켜서 돈을 법니다. 이 책은 여러분을 1%의 실행가로 만드는 돈 버는 시스템에 대한 이야기입니다.

이 공식은
어떻게 탄생했는가?

이 공식은 그저 감이나 예측으로 만든 것이 아닙니다. 지난 25년간의 데이터를 분석해 환율의 변하지 않는 본질 2가지를 꿰뚫어 만

과거 25년간 달러/원, 엔/원 환율 추이

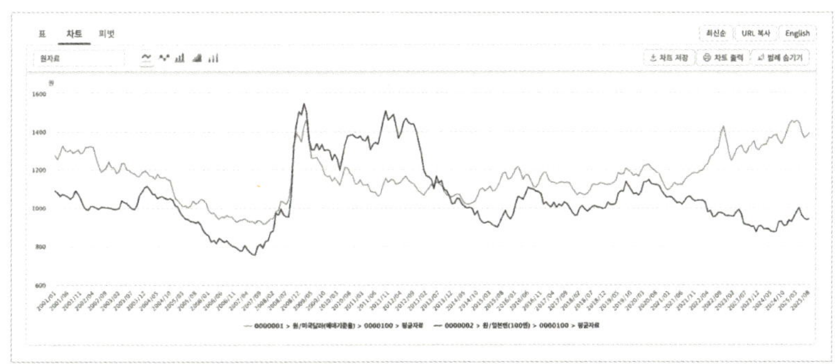

들었습니다.

1. 환율은 고무줄과 같다(평균 회귀) : 주식은 우상향하지만 환율은 다릅니다. 특히 달러^{USD}와 엔화^{JPY} 같은 기축통화이자 안전자산으로 인식되는 통화의 환율은 특정 평균값을 중심으로 고무줄처럼 늘어났다가(비싸졌다가) 다시 돌아오기를(싸졌다가) 반복합니다. 우리는 고무줄이 한쪽으로 과도하게 늘어났을 때, 즉 쌀 때 사서 중심으로 돌아올 때 파는 가장 단순하고 확실한 원리만을 이용합니다.

2. 보이지 않는 힘이 있다(중앙은행의 개입) : 이 고무줄이 영원히 한쪽으로 늘

환율 분석 자료

USD/KRW 기준(단위 : 원)

대상 기간	최고	최저	평균	현재 환율 (2025. 9. 30.)	평균과의 차이
40년(1984~)	1,706.80	666.56	1,037.53	1,400.00	362
35년(1989~)	1,706.80	666.56	1,067.42	1,400.00	333
30년(1994~)	1,706.80	757.01	1,120.37	1,400.00	280
25년(1999~)	1,461.98	915.86	1,153.80	1,400.00	**246**
20년(2004~)	1,461.98	915.86	1,140.24	1,400.00	**260**
15년(2009~)	1,461.98	1,019.36	1,174.34	1,400.00	**226**
10년(2014~)	1,434.42	1,019.36	1,184.16	1,400.00	**216**
5년(2019~)	1,434.42	1,095.13	1,241.68	1,400.00	**158**
달러 투자 시 매수 기준 환율			1,179		

JPY/KRW 기준(단위 : 원)

대상 기간	최고	최저	평균	현재 환율 (2025. 9. 30.)	평균과의 차이
40년(1984~)	1,546.11	322.00	901.60	940.00	38
35년(1989~)	1,546.11	445.59	960.86	940.00	-21
30년(1994~)	1,546.11	704.65	1,023.37	940.00	-83
25년(1999~)	1,546.11	755.57	1,058.15	940.00	**-118**
20년(2004~)	1,546.11	755.57	1,063.03	940.00	**-123**
15년(2009~)	1,546.11	874.28	1,102.97	940.00	**-163**
10년(2014~)	1,145.65	874.28	1,003.31	940.00	**-63**
5년(2019~)	1,145.65	874.28	1,005.44	940.00	**-65**
엔화 투자 시 매수 기준 환율(안전마진 추가 전)			1,047		

어나지 않도록 관리하는 강력한 힘, 바로 각국 중앙은행이 있습니다. 이 힘의 존재가 환율의 상단과 하단에 보이지 않는 벽을 만들어 우리 투자의 안정성을 극대화합니다.

이 2가지 본질을 바탕으로 절대 공식의 숫자들이 탄생했습니다.

- **분석 기간** : 대한민국이 IMF 외환위기를 극복하고 정부의 개입에서 벗어나 시장의 힘으로 환율이 움직이기 시작한 시점(1999년 자유변동환율제 도입)부터 모든 데이터를 분석했습니다.
- **진입 가격** : 단순 평균값이 아닙니다. 과거 25년의 장기, 최근 10년의 중기,

최근 5년의 단기 데이터를 모두 겹쳐 보고, 최근 시장에 높은 가중치를 부여해 산출한 균형점입니다. 엔화의 경우 2021년 이후 이례적인 약세라는 구조적 불확실성에 대비하기 위해 2.5%의 안전마진을 추가하여 설정했습니다.

- **분할 매수** : 이 공식에 따르면, 우리의 최종 매수 지점(달러 1,135원 / 엔화 975원)은 역사상 25~35%의 기간만 허락된 역대급 할인 가격대입니다. 남들이 폭락이라며 비명을 지를 때 우리는 초특가 바겐세일을 즐기게 됩니다.
- **매매 간격** : 최근 5년간 하루 평균 변동폭은 약 6~8원입니다. 우리의 5원 그물코는 잔챙이는 거르면서 매일같이 나타나는 월척은 놓치지 않는 크기입니다. 우리는 이 그물로 감정 소모 없이 수익을 꾸준히 수확합니다.

왜 달러와 엔화, 둘 다 필요한가?

"근데, 진입 기준 환율 아래로 안 내려오면 어떡하죠?"

이 공식의 마지막 퍼즐은 기다리는 시간조차 없애는 데 있습니다. 2022년부터 지금까지 3년간 달러는 기준가인 1,180원 아래로 단 한 번도 내려오지 않았습니다. 만약 달러만 붙잡고 있었다면 우리는 3년 내내 손가락만 빨고 있었을 겁니다.

하지만 바로 그 시기에 엔화는 기준가 1,020원을 한참 밑돌며 우리에게 수많은 매수 기회를 퍼부어 줬습니다. 한쪽 문이 닫혔을 때 다른 쪽 문이 활짝 열려 있었던 셈입니다. 기축통화이자 안전자산이라

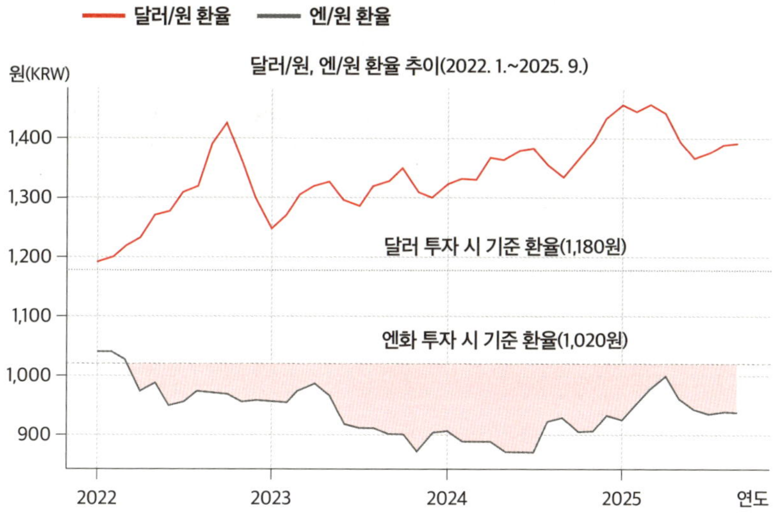

는 같은 성격을 가진 두 통화에 함께 투자하는 것은 어떤 상황에서도 수익의 흐름을 멈추지 않게 하는 가장 강력한 수익 시스템입니다.

과거의 데이터로 미래를 판단하는 것이 괜찮은 걸까요?

우리는 미래를 예측하는 것이 아니라 환율의 변하지 않는 본질에 투자하는 것입니다.

- ▶ **잘못된 접근(예측)** : "내일 환율은 5원 오를 것이다."(수많은 변수에 의해 쉽게 깨짐)
- ▶ **올바른 접근(본질 파악)** : "환율은 고무줄처럼 평균에서 멀어지면 돌아오려는 힘이 강해진다."(수십 년간 증명된 특성)

우리는 "내일 환율이 1,420원이 될 것이다."라는 위험한 예측에 돈을 거는 게 아닙니다. "환율이 역사적 평균에서 너무 멀어졌으니 제자리로 돌아오려는 힘이 작용할 것이다."라는 변하기 어려운 본질에 투자하는 것입니다.

이것이 바로 과거 데이터를 통해 미래의 불확실성을 이기는 유일한 방법입니다.

2

손실이 존재하지 않는 100% 승률의 투자

투자의 세계에서 100% 승률이라는 말은 사기처럼 들립니다. 맞습니다. 매일의 등락을 예측하는 게임이라면 100% 승률은 불가능합니다. 하지만 우리가 이야기하는 승리는 그런 개념이 아닙니다. 이 글을 끝까지 읽는다면 손실과 승리에 대한 여러분의 관점은 완전히 바뀌게 될 것입니다.

손실은 언제 확정되는가?

농부는 밭에서 자라는 배추가 아직 작다고 해서 "이 농사는 실패야!"라고 말하지 않습니다. 그저 다 자랄 때까지 기다렸다가 제값을 받고 팔면 그만입니다.

달러 투자도 똑같습니다. 내가 산 가격보다 환율이 일시적으로 낮아진 것은 손실이 아닙니다. 그저 아직 수확하지 않은 상태일 뿐입니다. 우리가 이 투자에서 돈을 잃는 유일한 경우는 공포를 이기지 못하고 덜 자란 배추를 뽑아 헐값에 던져 버릴 때, 즉 손절할 때뿐입니다.

개인 투자자의 가장 강력한 무기, 시간

바로 이 지점에서 우리 같은 개인 투자자는 월급을 받으며 실적 압박에 시달리는 전문 트레이더보다 훨씬 유리한 고지에 섭니다. 그들은 정해진 기간 안에 성과를 내야 한다는 마감 시간에 쫓기지만 우리는 누구에게도 성과를 보고할 필요가 없습니다.

우리에게는 그 어떤 전문가도 가질 수 없는 가장 강력한 무기, 시간이 있습니다. 그래서 우리는 조급할 이유가 없습니다.

- **환율이 오르면 계획대로 수익을 실현합니다.**
- **환율이 내려가면 계획대로 더 싸게 삽니다.**
- **더 내려가면 그저 본업에 충실하며 기다립니다.**

이것이 바로 우리 전략의 전부입니다. '산다, 판다, 기다린다.'는 원칙만 기계적으로 반복하면 손실의 공포 없이 마음 편히 수익을 쌓을 수 있습니다.

"수익을 볼 때까지 하염없이 기다리라는 말인가요?"

3년, 5년씩 돈이 묶일 수도 있는데 기회비용을 생각하면 잘못된 방식이 아닌지 걱정이 들 수 있습니다. 아주 현실적인 걱정입니다. 우리의 공식대로 투자했을 때 무한한 기다림이 실제로 존재했을까요?

- **달러(USD)의 사례** : 어떤 최악의 시점에 투자를 시작했더라도 모든 투자금이 수익으로 전환되는 데 걸린 시간은 최대 2년을 넘지 않았습니다.
- **엔화(JPY)의 사례** : 역사상 최악의 약세장 속에서도 최대 투자 기간은 1.9년에 불과했습니다.

데이터는 명확히 보여 줍니다. '영원히 기다려야 하면 어떡하지?'라는 걱정은 상상 속의 공포일 뿐입니다. 평균 회귀라는 강력한 원리가 결국에는 수익 실현의 기회를 가져다주기 때문입니다. 가장 중요한 사실은 전체 거래가 종료되지 않았을 뿐 앞서 언급한 기간 동안에도 개별 분할매수 건에 대한 수익은 꾸준히 발생했다는 것입니다.

과거 시장을 살펴보면 달러와 엔화는 대표적인 안전자산으로서 위기 시에 함께 가치가 오르는 등 유사한 흐름을 보여 왔습니다. 하지만 2021년 중반부터 이 둘의 관계는 완전히 어긋나기 시작했습니다. 달러 가치는 폭등하는 동안 엔화 가치는 반대로 역사적인 수준까지 추락했습니다.

유사한 흐름을 보이다 2021년부터 다른 움직임을 보이는 달러/원, 엔/원 환율

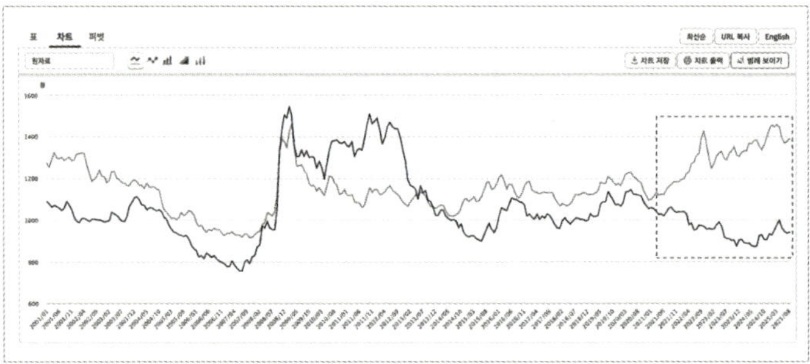

이 전례 없는 탈동조화 현상의 핵심 원인은 바로 미국과 일본의 정반대 방향을 향한 재정 및 통화 정책에 있습니다.

• **미국(강달러 정책)** : 코로나19 이후 발생한 극심한 인플레이션을 잡기 위해, 미 연준(Fed)은 수십 년 만에 가장 공격적인 금리 인상을

단행했습니다. 높은 이자를 주는 달러는 전 세계 투자자들에게 가장 매력적인 자산이 되었고, 이는 달러의 독보적인 강세로 이어졌습니다.

- **일본(엔저 정책)** : 반면 일본은 수십 년간 이어진 디플레이션과의 싸움을 끝내기 위해 '나홀로' 제로 금리 및 마이너스 금리 정책을 고수했습니다. 사실상 이자가 없는 엔화의 투자 매력은 사라졌고, 투자자들은 값싼 엔화를 빌려 높은 금리의 달러 자산에 투자하는 '엔 캐리 트레이드'에 나서면서 엔화 가치의 하락을 더욱 부추겼습니다.

바로 이 지점에서 우리는 현재의 940원이라는 환율이 얼마나 매력적인지 객관적으로 판단할 수 있습니다.

17년 만에 처음으로 금리를 인상한 일본

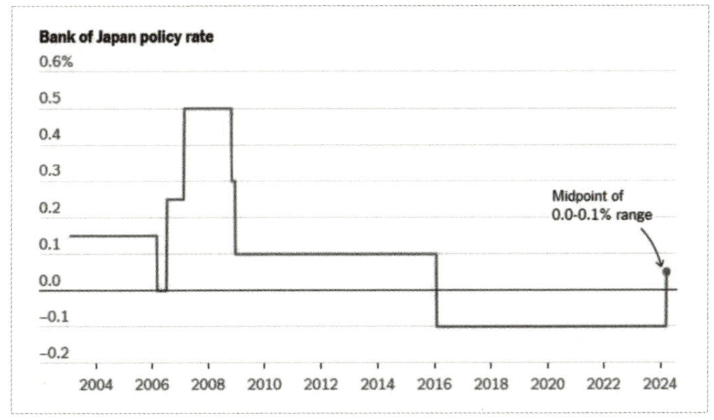

출처 : 뉴욕 타임스(NYT)

　현재의 엔화 가치는 일본 경제의 본질적인 힘보다는 극단적인 통화정책의 불일치라는 일시적이고 비정상적인 요인에 의해 과도하게 억눌려 있는 상태입니다. 하지만 이러한 정책의 격차는 영원할 수 없습니다.

　일본은 자국 내 인플레이션 압력으로 인해 더 이상 제로금리 정책을 유지하기 어렵습니다. 실제로 일본은 2024년 3월, 17년 만에 처음으로 금리를 인상했고, 2016년부터 시작된 마이너스 기준금리 정책을 8년 만에 종료하게 되면서 통화정책 정상화의 첫발을 내디뎠습니다.

　이는 엔화 가치를 억누르던 가장 큰 힘이 약해지고, 위로 밀어 올리는 힘이 강해지는 패러다임의 전환이 시작되었음을 의미합니다. 따라서 현재의 940원이라는 환율 수준은 이러한 거대한 흐름의 변곡점에서 일시적인 불균형이 최정점에 달했을 때 잡을 수 있는 역사적인 저점 매수의 기회라고 객관적으로 평가할 수 있습니다.

3

돈이 녹아내리는
복리의 무서운 비밀

아인슈타인이 세계 8대 불가사의라고 불렀다는 '복리의 마법'. 투자에 조금이라도 관심 있는 분이라면 귀에 못이 박이도록 들어봤을 겁니다. 수익이 또 다른 수익을 낳으며 눈덩이처럼 자산이 불어나는 원리입니다. 모든 투자자가 꿈꾸는 그림입니다.

하지만 대부분의 투자서는 이 마법의 절반만 이야기합니다. 지금부터 저는 그들이 이야기하지 않는 나머지 절반, 바로 '손실도 복리가 된다.'는 무서운 진실에 대해 이야기하려고 합니다. 이 비밀을 이해하지 못하면 여러분의 돈은 복리로 불어나는 것이 아니라 오히려 서서히 녹아내릴 수 있습니다.

왜 내 돈은
복리로 불어나지 않을까?

승률이 50%인 주식 트레이더가 있습니다. 그는 이길 때마다 20%라는 큰 수익을 내고, 질 때는 그보다 적은 19%의 손실만 봅니다. 언뜻 보면 이길 때 더 많이 버는, 아주 유리한 게임처럼 보입니다. 1,000만 원으로 시작해서, 복리 효과를 위해 수익금이 생길 때마다 원금에 더해 투자를 한다고 가정해 보겠습니다.

승률 50% 트레이더의 투자금이 녹는 과정

거래횟수	결과	수익률	수익금액	최종금액
시작	-	-	-	10,000,000원
1회차	승	20%	2,000,000원	12,000,000원
2회차	패	-19%	-2,280,000원	9,720,000원
3회차	승	20%	1,944,000원	11,664,000원
4회차	패	-19%	-2,216,160원	9,447,840원
5회차	승	20%	1,889,568원	11,337,408원
6회차	패	-19%	-2,154,108원	9,183,300원
7회차	승	20%	1,836,660원	11,019,961원
8회차	패	-19%	-2,093,793원	8,926,168원
9회차	승	20%	1,785,234원	10,711,402원
10회차	패	-19%	-2,035,166원	8,676,235원

분명 이길 때 더 많이 버는 것 같고, 이긴 횟수와 진 횟수도 똑같은데, 10번의 거래가 끝난 뒤 계좌에는 원금보다 130만 원 이상이 사라진 867만 원이 남아 있습니다.

왜 이런 현상이 발생할까요? 첫 거래에서 200만 원을 벌어 원금이 1,200만 원이 되었지만, 두 번째 거래에서 19%의 손실을 볼 때는 1,200만 원을 기준으로 228만 원이 사라졌기 때문입니다. 수익은 1,000만 원에 대한 20%였지만, 손실은 1,200만 원에 대한 19%가 된 것입니다.

일반적인 개인 투자자들의 실패 패턴도 이 원리를 정확히 따릅니다. 상승장에서 수익이 나면 이를 원금에 더해 투자 규모를 계속 키워 나가고, 복리의 환상에 빠져 자산이 영원히 불어날 것이라 믿습니다. 하지만 깊은 조정이나 판단 실수에 따른 손실을 경험하게 되면 이야기는 달라집니다. 이미 불어난 원금을 기준으로 손실이 계산되기 때문에 공들여 쌓아 온 수익을 단숨에 반납하게 되는 것입니다. 결국 안 하느니만 못한 투자를 반복하다 시장에서 퇴출당하는 것이 대다수 투자자의 결말입니다.

이것이 바로 대부분의 투자가 가진 치명적인 구멍, 손실의 복리입니다. 아무리 승률이 높아도 단 몇 번의 손실이 그동안 쌓아 온 수익을 더 크게 갉아먹는 밑 빠진 독과 같은 구조임을 잊지 말아야 합니다.

구멍 하나 없는
완벽한 부의 그릇

그렇다면 달러 투자는 어떨까요? 이 전략은 애초에 손실이라는 개념 자체가 끼어들 틈이 없는 완벽하게 닫힌 시스템입니다.

우리가 맞이하는 유일한 위험은 기다림의 지루함뿐입니다. 앞 장에서 확인했듯이 이 전략은 손실을 보고 파는 손절이 없습니다. 즉 복리 계산에 마이너스(-)라는 숫자가 아예 존재하지 않습니다.

또한 수익금에 대한 세금은 0원, 우대율 95% 기준 거래 비용은 0.1% 수준으로 거의 없습니다. 우리가 벌어들인 수익의 거의 전부가 온전히 내 그릇 안에 담겨 다음 투자를 위한 원금이 된다는 뜻입니다.

달러 투자는 구멍 하나 없이 깨끗하고 단단한 부의 그릇과 같습니다. 이 그릇에 담긴 수익은 오직 위로만, 그것도 점점 더 빠른 속도로 쌓여 갈 뿐입니다.

돈 버는 속도가 빨라지는
가속도의 법칙

자, 그럼 이 완벽한 그릇 안에서 1,000만 원으로 시작한 여러분의 돈이 어떻게 불어나는지 직접 보여 드리겠습니다. 보수적으로 잡은 달러 투자의 연평균 수익률 10%를 기준으로, 똑같은 100만 원을 버

목표 수익	시작 원금	달성 후 원금	걸리는 시간
100만 원	10,000,000원	11,000,000원	12.0개월
	11,000,000원	12,000,000원	10.9개월
	12,000,000원	13,000,000원	10.0개월
	13,000,000원	14,000,000원	9.2개월
	14,000,000원	15,000,000원	8.6개월
	15,000,000원	16,000,000원	8.0개월
	16,000,000원	17,000,000원	7.5개월
	17,000,000원	18,000,000원	7.1개월
	18,000,000원	19,000,000원	6.7개월
	19,000,000원	20,000,000원	6.3개월

는 데 걸리는 시간이 어떻게 변하는지 확인해 볼까요?

똑같은 100만 원을 버는 데 처음에는 12개월이 걸렸지만, 수익이 쌓여 원금이 2배 가까이 되자 그 절반 수준인 6.3개월로 줄어들었습니다. 이것이 바로 막연한 이론이 아닌, 눈에 보이는 진짜 복리의 힘입니다. 여러분의 돈 버는 속도는 불과 몇 년 만에 체감할 수 있을 정도로 빨라지기 시작합니다.

이것이 바로 우리 전략의 본질입니다. 단기적인 수익률을 좇기보다는 절대 깨지지 않는 단단한 부의 그릇을 만들고, 그 안에서 시간이라는 가장 강력한 재료를 이용해 돈이 빠르게 불어나는 시스템을 구축하는 것입니다.

내 돈이 2배가 되는 데 걸리는 시간, 72의 법칙

그렇다면 구체적으로 내 투자 원금이 2배가 되려면 얼마나 걸릴까요?

복리의 힘을 아주 간단하게 계산할 수 있는 공식이 있습니다. 바로 72의 법칙입니다. 전문가들이 복리 계산을 할 때 가장 널리 사용하는 경험적인 법칙으로 계산법은 아주 간단합니다.

$$72 \div 연평균\ 수익률(\%) = 원금이\ 2배가\ 되는\ 시간(년)$$

이 공식을 보수적으로 잡은 달러 투자의 연평균 수익률 10%에 적용해 볼까요?

$$72 \div 10 = 7.2년$$

달러 투자의 연평균 수익률을 기준으로 했을 때 여러분의 돈은 약 7.2년마다 2배씩 불어납니다. 1,000만 원이 7.2년 뒤 2,000만 원이 되고, 다시 7.2년이 지나면 4,000만 원, 그 다음에는 8,000만 원이 되는 것입니다. 이것이 얼마나 대단한 속도인지, 우리가 가장 흔하게 이용하는 은행 예금과 비교해 보면 그 차이를 실감할 수 있습니다.

은행에 1,000만 원을 넣어 두면, 2,000만 원이 되기까지 금리 3% 기준 무려 24년이라는 시간이 걸립니다. 우리가 달러 투자로 7.2년마다 자산을 2배로 불려 나가는 동안 말입니다. 24년 뒤 우리의 자산은 8,000만 원을 훌쩍 넘어가 있을 것입니다.

은행별 정기예금 금리(2025년 9월 24일 기준)

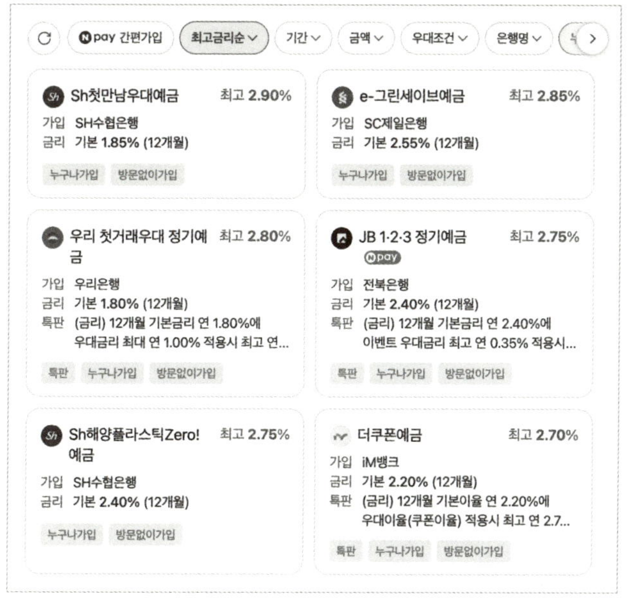

100만 원으로
1억 원 만들기의 함정

"100만 원으로 1억 원 만들기!"

서점에서 이런 제목의 책을 보면, 심장이 뛰고 솔깃해지는 것이 당연합니다. 우리 모두의 마음속에는 '적은 돈으로 빨리 큰 부자가 되고 싶다.'는 꿈이 있기 때문입니다.

하지만 바로 그 꿈은 대부분의 평범한 투자자들이 돈을 잃게 만드는 가장 달콤한 독입니다.

100만 원으로 1억 원을 만들겠다는 생각은 필연적으로 우리를 위험한 함정에 빠뜨립니다. 100만 원으로 10% 수익을 내면 10만 원입니다. 충분히 훌륭한 수익률이지만 이 돈은 우리의 조급한 마음에 너무나 작게 느껴집니다. 투자금을 생각하지 않고 '에이, 고작 10만 원

벌자고 이 고생을 한 게 아닌데…' 하는 욕심이 고개를 듭니다. 그러다가 시장이 하락하면 그 작은 수익마저 순식간에 손실로 바뀌고 맙니다.

적은 돈으로 큰돈을 벌겠다는 이 위험한 꿈은 우리의 시선을 자연스럽게 급등하는 테마주나, 정체를 알 수 없는 코인 같은 곳으로 이끌고, 결국 소중한 투자금을 모두 날리는 비극으로 끝나는 경우가 너무나도 많습니다.

부자들의 생각법 : 수익률이 아닌 투자금

우리는 이제 이 위험한 생각을 완전히 뒤집어야 합니다. 진짜 돈을 버는 사람들은 수익률이 아닌 투자금에 집중합니다.

언뜻 보면 큰돈을 넣는 것이 더 위험하다고 생각하기 쉽습니다. 한 번 비교해 보겠습니다.

- A : 100만 원을 투자해서 100% 수익을 노린다.(수익금 100만 원)
- B : 1억 원을 투자해서 1% 수익을 노린다.(수익금 100만 원)

대부분의 사람은 큰돈을 투자한 B가 더 위험하다고 생각하지만 진실은 정반대입니다. 100% 수익을 노리는 A는 사실상 자신의 전략이 아니라 시장의 변동성에 모든 것을 맡기는 복권을 사는 것과 같습니다. 하지만 1%의 수익을 노리는 B는 우리가 배운 공식처럼 가장 안전하고 확실한 방법으로 목표를 달성할 수 있습니다. 진짜 위험은 투자금의 크기가 아닙니다. 터무니없는 수익률을 쫓는 그 생각 자체에 있습니다.

믿음의 근육을 키우는 시간

"처음부터 큰 돈을 넣는 것은 무섭습니다."

물론입니다. 그게 정상입니다. 그래서 우리는 믿음을 만드는 과정이 반드시 필요합니다. 머리로만 이해하는 것이 아니라 실제 경험을 통해 '아, 이 공식은 정말 돈을 벌게 해 주는구나.' 하는 확신을 내 몸에 새기는 과정 말입니다.

그러니 처음에는 아주 적은 돈, 단돈 10만 원이라도 좋습니다. 그 돈으로 우리가 배운 공식을 그대로 따라 해 보세요. 기준가 아래에서 사고, 5원 내리면 추가로 사고, 5원 오르면 파는 아주 단순한 과정을 몇 번만 반복해 보는 것입니다.

이 과정의 목표는 돈을 버는 것이 아닙니다. '이 시스템은 진짜 작동한다.'는 믿음을 얻는 것입니다. 그렇게 한 번, 두 번 수익 실현의 경험이 쌓이면 여러분의 마음속에 있던 두려움은 자신감으로 바뀝니다. 그 자신감이 생겼을 때 우리는 비로소 투자금을 키울 준비가 된 것입니다.

이제 여러분에게 1억 원을 투자할 수 있는 믿음이 생겼다고 가정해 보겠습니다. 1억 원은 달러/원 환율 1,400원 기준으로 약 7만 달러입니다. 그럼 환율이 단 1원만 올라도 여러분의 계좌에 약 7만 2,000원의 수익이 생깁니다. 하루에도 수십 번씩 보는 1원의 움직임이, 누군가에게는 하루 일당과 맞먹는 수익이 되는 것입니다.

이게 바로 투자금의 힘입니다. 우리의 목표는 100%짜리 홈런 한 방이 아닙니다. 100% 이길 수 있는 경기에서 투자금의 크기를 키워 1%짜리 안타를 꾸준히, 그리고 반복적으로 쳐 내는 것입니다.

"근데 저는 100만 원밖에 없는데요?"

아마 많은 분이 이 질문을 할 것입니다. 아주 현실적이고 중요한 질문입니다.

이 질문에 대한 저의 답은 명확합니다. 달러 투자의 진짜 목표는 100만 원을 단숨에 1억 원으로 만드는 마법이 아닙니다. 그보다는 작은 돈으로 시작하여 여러분의 투자 그릇 자체를 1억 원, 10억 원도 안전하게 담을 수 있을 만큼 단단하고 크게 키워 나가는 것입니다.

그래서 처음 100만 원으로 투자를 시작하는 단계는 돈을 버는 단계라기보다 훈련 단계에 가깝습니다. 이 전략이 실제로 어떻게 작동하는지, 수익이 날 때의 기쁨과 기다려야 할 때의 지루함을 직접 겪으며 시스템에 대한 믿음의 근육을 키우는 과정입니다.

그렇게 100만 원으로 몇 번의 수익을 내 보기 바랍니다. 그리고 그 작은 수익금과 함께 여러분이 매달 월급에서 아낀 돈을 꾸준히 더해 나간다면, 여러분의 투자 원금은 100만 원에서 200만 원, 500만 원, 1,000만 원으로 자연스럽게 커져 갈 것입니다.

중요한 것은, 여러분의 투자금이 커지는 속도와 믿음의 근육이 성장하는 속도가 정확히 일치한다는 점입니다. 100만 원을 굴릴 때의 평온한 마음을, 1,000만 원을 굴릴 때도, 1억 원을 굴릴 때도 똑같이 유지할 수 있게 되는 것, 이것이 바로 꾸준히 부를 쌓아 나가는 확실한 길입니다.

투자금을 키워 가는 과정에서 가장 먼저 다루어야 하는 것은 기술이 아니라 마음의 반응입니다.

노벨 경제학상 수상자인 대니얼 카너먼의 전망 이론Prospect Theory에 따르면, 사람은 이익과 손실을 같은 무게로 받아들이지 않습니다. 똑같은 금액이라도 손실은 훨씬 크게 느끼고 이익은 실제보다 작게 평가하는 경향이 있습니다. 이걸 손실회피편향loss aversion이라고 합니다. 이 때문에 처음 소액으로 투자하는 훈련 단계에서는 시장의 작은 흔들림에도 감정이 과하게 반응합니다. 3,000원을 버는 건 별것 아닌 성공처럼 느껴지고, 3,000원을 손실 보는 건 큰일 난 것 같은 실패로 느껴지는 것입니다.

달러 투자에 대한 믿음의 근육이 성장하면 이 감정 반응이 차츰 안정됩니다. 그리고 이 상태에서 투자금이 조금씩 커지기 시작할 때 전망 이론이 말하는 또 하나의 중요한 특징이 작동합니다. 바로 '확실한 이익은 놓치기 싫어한다.'는 것입니다.

예를 들어, 예전에는 3,000원 버는 것이 너무 소소해서 마음이 안 움직였지만 투자금이 커져 5만 원, 10만 원 단위의 이익을 보면 뇌가 확실한 승리로 받아들이기 시작합니다. 그럼 마음이 이렇게 바뀝니다.

"괜히 욕심내다 이 확실한 이익을 잃고 싶지 않아."

"원칙대로 챙길 건 챙기자."

즉 인간의 본능적인 심리가 확실한 이익을 지키고 싶은 마음을 만들어 주고, 그에 따라 욕심이 통제되고 안정적인 투자 원칙을 지키게 되는 것입니다.

다만, 믿음의 근육이 성장하기도 전에 갑자기 큰돈을 넣으면 어떻게 될까요? 대니얼 카너먼이 말한 손실회피 본능이 극단적으로 나타나서 조금만 흔들려도 가슴이 덜컥 내려앉고 '아, 지금이라도 손절해야 하나?' 하는 공포 때문에 원칙을 지키기 힘들어집니다.

그래서 투자금을 다룰 수 있는 심리적 내성을 만드는 것이 중요합니다. 믿음의 근육과 함께 심리적 내성이 만들어진 다음에 투자금이 커지면, 확실한 이익이 주는 만족감이 원칙을 더 잘 지키게 만들고 차분한 마음으로 안정적인 판단을 할 수 있도록 도와줄 것입니다.

Chapter 4

달러 투자로 돈을 버는 4단계 실전 전략

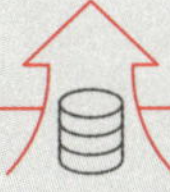

실전 투자에 들어가기 앞서

여러분은 이제 달러 투자의 핵심 원리를 모두 이해했습니다. 하지만 실전이라는 전쟁터에 나가기 전에 반드시 알아야 할 디테일이 하나 있습니다. 이것만 알고 있어도 상위 10%의 달러 투자자로 출발선에 서게 될 것입니다.

한국의 주식시장은 한국거래소KRX라는 단일 거래소Centralized Exchange를 통해 모든 거래가 이루어집니다. 따라서 어느 증권사를 이용하든 모든 투자자는 동일한 시간에 동일한 가격을 보게 됩니다. 하지만 외환시장은 다릅니다.

외환시장은 특정 국가의 거래소에 얽매이지 않고, 전세계 금융기관들의 네트워크를 통해 24시간 거래가 이루어지는 장외시장Over the Counter, OTC입니다. 앞에서 설명한 것처럼 시드니에서 시작해 도쿄, 홍콩, 싱가포르, 프랑크푸르트, 런던, 뉴욕으로 이어지며 우리가 잠든 새벽에도 쉬지 않고 계속 움직이는 거대한 강물과 같습니다. 국내의 금융기관들은 이 흐르는 강물을 사진 찍듯이 순간적으로 포착해서 우리에게 보여 줍니다. 이것이 바로 우리가 보는 고시 환율입니다.

고시회차 '201회' 같은 숫자의 의미는 '오늘의 실시간 환율을 사진 찍기 시작한 이후 201번째로 찍은 사진'이라는 뜻입니다. 은행들의 시스템에 따라서 사진을 찍는 주기가 다르기 때문에 같은 시간에 환율을 확인하더라도 은행들마다 환율이 다를 수밖에 없습니다.

근데 이게 왜 중요할까요?

여러분이 만약 10만 달러를 산다고 가정해 보겠습니다. A은행에서는 1,393원, B은행에서는 1,394원에 살 수 있다면 여러분은 단순히 두 은행 간 환율을 비교하여 거래했다는 것만으로 약 10만 원을 아낄

은행별 고시 환율 비교(마이뱅크)

환전소	할인율 적용	절약금액 ❓	절약률	UPDATE
best ᴿᴺᴬ 경남은행	1,393.52원	1.14원	0.080원	2025.09.22
ᴵᴹ iM뱅크	1,393.57원	1.09원	0.080원	2025.09.22
ᴿᴺᴬ 부산은행	1,393.57원	1.09원	0.080%	2025.09.22
전북은행	1,393.69원	0.97원	0.070원	2025.09.22
기업은행	1,393.72원	0.94원	0.070원	2025.09.22
국민은행	1,393.75원	0.91원	0.070%	2025.09.22
농협은행	1,393.75원	0.91원	0.070원	2025.09.22
우리은행	1,393.75원	0.91원	0.070원	2025.09.22
수협은행	1,393.76원	0.90원	0.060%	2025.09.22
KEB하나	1,393.76원	0.90원	0.060원	2025.09.22
신한은행	1,393.83원	0.83원	0.060원	2025.09.22
citibank	1,393.93원	0.73원	0.050%	2025.09.22
Standard Chartered	1,394.00원	0.66원	0.050원	2025.09.22
제주은행	1,394.66원	0.00원	0.000원	2025.09.22

수 있습니다. 누군가의 하루 일당이 될 수 있는 돈이, 여러분의 손가락 터치 몇 번에 달려 있는 셈입니다.

바로 이 지점에서 우리는 달러 투자 절대 공식의 핵심인 분할의 개념을 한 단계 더 확장해야 합니다.

자금만 나누는 것이 아니라 거래하는 플랫폼 역시 분할해야 합니다. 환율 우대 100%라는 말은 수수료를 0원으로 만들어 준다는 뜻이지, 가장 싼 가격을 보장한다는 뜻이 아닙니다. 환율 변동성이 큰 순간에 매수하려고 할 때 환율 우대 90%를 제공하는 플랫폼의 환율이 환율 우대 100%를 제공하는 플랫폼보다 더 낮을 수도 있습니다.

따라서 우리의 전략은 아주 간단합니다.

'항상 2~3개의 플랫폼을 함께 살펴보고, 그 순간 가장 유리한 최종 가격을 제시하는 곳에서 거래하는 것'입니다.

이것은 귀찮은 일이 아니라 위험을 제한하고 수익을 극대화하기 위해 분할매수를 하는 것과 똑같은, 지극히 합리적인 투자 원칙입니다. 이 작은 습관 하나가 1년 뒤 여러분의 수익률을 눈에 띄게 바꿔 놓을 것입니다.

자, 그럼 이제 어떤 플랫폼들이 우리에게 가장 좋은 무기가 되어 줄지 하나씩 살펴보도록 하겠습니다. 다만, 이제는 모든 은행 그리고 카드사에서도 환전 서비스를 제공하기 때문에 거래할 때마다 모든 플랫폼을 살피는 것은 불가능에 가깝습니다. 우대를 받을 수 있는 조건이나 투자 편의성, 거래 가능 시간, 거래 한도 등을 고려해서 달러 투자에 가장 적합한 네 곳을 알려 드리겠습니다.

이 네 곳만 사용해도 달러 투자를 하는 데 전혀 문제가 없습니다. 지금부터 각 플랫폼별 특징과 계좌를 개설하는 방법을 알려 드리겠습니다.

플랫폼별 주요 특징(2025년 11월 기준)

구분	수수료율	환율 우대	거래 한도	거래 가능 시간	비고
토스뱅크 외화통장	-	100%	일 1,000만 원/ 월 1억 원	24시간	국내 인출 및 외화 이체 불가 (같은 외화통장 간에만 가능)
하나은행 FX마켓	1%	최대 90% (통화 및 등급별 상이)	시간대별 차등 적용 (영업일 09:00~ 23:50 건당 미화 환산 50만 달러 이내, 그 외 시간 미화 환산 10만 달러 이내)	24시간	매수한 외화를 현찰로 인출 시 현찰수수료 발생
키움증권	1%	최대 95% (통화별 상이)	제한 없음	09:00~ 02:00 (이외에는 가환율 적용)	해외주식 거래 없이 반복적인 매수, 매도 시 우대 박탈
스위치원	-	100%	일 4,000달러	24시간	X모드 활용 시 한도가 늘어나지만 외화 출금이 불가하고 원화로만 정산 가능

토스뱅크 외화통장 :
가장 쉽고 직관적인 시작

토스뱅크 외화통장은 복잡한 절차 없이 직관적인 UX(사용자 경험)로 설계되어 있습니다. 특히 24시간 언제든 거래가 가능하고, 17개국

통화를 사거나 팔 때 수수료가 없다는 명확하고 강력한 장점을 제공합니다. 또한 원하는 환율에 환전하거나 알림을 받는 기능뿐만 아니라 매월 소액을 자동으로 모으는 기능이나 예금 이자를 달러로 수령하여 외화 자산을 불리는 등 다양한 외화 관리 서비스도 선보이고 있습니다. 다만, 토스뱅크 외화통장을 통해 매수한 외화는 타 금융기관으로 이체가 불가능하며, 국내에서 외화 현찰 출금이 불가하다는 단점이 있습니다.

계좌 개설 절차(토스 앱)

1. '토스' 앱 실행 : 스마트폰에서 토스 앱을 실행합니다.

2. '계좌개설' 메뉴로 이동 : 홈 화면 하단의 '계좌개설' 섹션으로 들어갑니다.

3. '입출금' 선택 : 상품 목록 하단의 '입출금'을 누릅니다.

4. '외화통장' 선택 : 상품 목록에서 '외화통장'을 선택합니다. '환율 100% 우대'라는 문구를 확인할 수 있습니다.

5. 약관 동의 : 서비스 이용 약관을 확인하고 동의합니다. 기존 토스뱅크 사용자라면 별도의 신원 확인 없이 즉시 개설됩니다.

6. 비밀번호 설정 : 외화통장에서 사용할 4자리 비밀번호를 설정합니다.

7. 개설 완료 : 즉시 계좌 개설이 완료되며, 본인의 토스뱅크 원화 통장에서 바로 달러를 매수할 수 있습니다.

하나은행 FX마켓 :
최대 50만 불 한도, 24시간 거래 가능

하나은행 FX마켓의 가장 큰 강점은 거래 가능 시간과 규모입니다. 외환시장의 움직임에 맞춰 24시간 거래가 가능하며, 한 번에 거래할 수 있는 한도 또한 넉넉하여 보다 유연하고 적극적인 대응을 가능하게 합니다. FX마켓을 이용하기 위해서는 먼저 외화 입출금 계좌인 '하나 밀리언달러 통장'을 개설해야 합니다.

계좌 개설 절차(하나원큐 앱)

1. **'하나원큐' 앱 실행** : 하나은행의 모바일 뱅킹 앱 하나원큐에 로그인합니다.

2. **상품 카테고리로 이동** : 홈화면 하단의 '상품' 카테고리를 선택하여 이동합니다.

3. **'외환' 메뉴로 이동** : '상품' 카테고리 내 '외환' 섹션으로 들어갑니다.

4. **'하나 밀리언달러 통장' 선택** : 외화 입출금 상품 목록에서 '하나 밀리언달러 통장'을 찾아 '가입'을 진행합니다.

5. **비대면 실명 확인** : 안내에 따라 신원 확인 절차를 진행합니다.

   - **신분증 준비** : 주민등록증 또는 운전면허증을 준비합니다.

   - **정보 입력 및 약관 동의** : 개인 정보를 입력하고 약관에 동의합니다.

   - **신분증 촬영** : 빛반사 없이 선명하게 신분증을 촬영합니다.

   - **1원 계좌 인증** : 본인 명의 타행 계좌로 입금된 1원의 거래 내역에서 '입금자명 숫자'를 확인하여 입력합니다.

6. **비밀번호 설정 및 개설 완료** : 계좌 비밀번호를 설정하면 '하나 밀리언달러 통장' 개설이 완료됩니다.

7. **FX마켓 연동** : 하나원큐 앱의 '외환' 또는 'FX마켓' 메뉴에서 방금 개설한 통장을 거래 계좌로 등록하면 모든 준비가 끝납니다.

키움증권 :
환전과 해외주식 투자를 한 번에

환전을 넘어 보유한 외화로 해외 주식에 투자하기 위해서는 증권사 계좌가 반드시 필요합니다. 증권사를 통한 외화 투자는 환전과 해외주식 매매를 하나의 앱에서 처리할 수 있어 높은 편의성을 제공합니다. 특히 키움증권의 경우는 상시 이벤트를 통해 높은 수준의 환율 우대를 제공합니다. 다만, 해외 주식 거래 없이 반복적으로 외화를 환전할 경우 우대 혜택이 박탈될 수 있습니다.

계좌 개설 절차(영웅문S# 앱)

1. **'영웅문S#' 앱 설치** : 스마트폰에 영웅문S# 앱을 설치합니다.

2. **'계좌개설' 선택** : 앱 실행 후 왼쪽 하단의 '계좌개설'을 선택하여 절차를 시작합니다.

3. **'종합계좌' 선택** : 다양한 계좌 종류 중 국내외주식/기타 금융상품 거래까지 가능한 '종합계좌'를 선택해야 합니다.

4. 비대면 실명 확인 : 앞서 설명한 하나은행의 방식과 동일하게 신분증 촬영, 1원 계좌 인증을 수행합니다.

5. 개인 정보 입력 및 비밀번호 설정 : 주소 등 개인 정보를 입력하고 계좌 비밀번호를 설정합니다.

6. 로그인 ID 등록 : 계좌 개설 후 영웅문S# 앱에 로그인할 ID와 비밀번호를 생성합니다.

7. 외화가상계좌 등록 : 마지막으로 타 금융기관으로부터 달러를 수취할 수 있도록 하기 위해 외화가상계좌를 등록해야 합니다.

   - 영웅문S# 앱 접속 > 메뉴 > 환전 > 외화이체/대체 > 하단의 '외화가상계좌 등록'을 통해 국민은행 외화가상계좌를 등록하면 됩니다.

스위치원 : 투자 편의 기능을 모두 갖춘 달러 투자 최적 플랫폼

스위치원은 단순히 환전수수료 0원이라는 혜택을 넘어, 달러 투자에 최적화된 기능을 갖춘 실속 있는 금융 플랫폼입니다. 24시간 언제든 거래가 가능한 것은 물론 환율 변동에 맞춰 자동으로 나누어 사고파는 분할매매, 목표 환율에 도달하면 자동으로 체결되는 예약 환전 등 효율적인 수익 창출을 위한 기능을 갖추고 있습니다.

이외에도 전문적인 환율 리포트와 편리한 차트 분석 기능을 제공해 주며, 앱 내에서 환전한 달러로 바로 미국 주식에 소수점 투자까지 할 수 있습니다. 이처럼 스위치원은 초보자도 쉽고 편리하게 투자를 시작할 수 있도록 진입 장벽을 대폭 낮추었습니다.

서비스 이용 절차(스위치원 앱)

1. **'스위치원' 앱 설치 및 가입** : 스마트폰에 '스위치원' 앱을 설치하고 간편하게 가입합니다.

2. **계좌 연동** : 서비스 이용의 핵심은 '계좌 연동'입니다.

   - **원화출금계좌 등록** : 원화가 출금될 본인 명의의 주거래 통장을 등록합니다.

   - **외화입금계좌 등록** : 환전한 달러가 입금될 본인 명의의 외화 통장을 등록합니다.

3. **외화 통장이 없는 경우(신규 개설 지원)**

   - 만약 외화 통장이 없다면, 스위치원 앱 내에서 신규 개설이 가능합니다. 스위치원은 하나은행과 제휴하여 이 과정을 지원합니다.

   - 외화 계좌를 등록하는 과정에서 [외화 계좌가 없으신가요? 하나은행 바로가기]와 같은 안내 버튼을 찾을 수 있습니다.

   - 이 버튼을 통해 하나은행의 '하나 밀리언달러 통장' 개설 절차를 진행하고, 완료 후 다시 스위치원 앱으로 돌아와 방금 만든 계좌를 등록하면 됩니다.

4. **서비스 이용 개시** : 원화와 외화 계좌 연동이 모두 끝나면 스위치원을 통해 수수료 없이 24시간 달러를 거래할 수 있는 환경이 모두 갖춰집니다.

공식 1단계
: 달러를 매수해야 하는 타이밍

우리의 투자 전략은 이 공식이 전부입니다. 복잡한 경제 지표나

뉴스에 흔들릴 필요 없이 이 공식에 따라 기계적으로 행동하는 것이 핵심입니다. 그렇다면 이 공식을 적용하기 위해 가장 먼저 해야 할 일은 무엇일까요? 바로 현재의 실시간 환율을 확인하는 것입니다.

실시간 환율을 가장 빠르고 편하게 확인하려면?

실시간 환율을 가장 빠르고 편리하게 확인하는 방법은 인베스팅 닷컴Investing.com 앱을 이용하는 것입니다. 이 앱을 사용하면 스마트폰을 켜자마자 1초 만에 환율을 확인할 수 있습니다.

- **직관적이고 간편한 인터페이스** : 주식, 외환, 원자재, 암호화폐 등 다양한 자산의 실시간 시세와 차트, 분석 도구를 제공하며 앱 설치 및 사용이 매우 직관적이고 쉽습니다.
- **강력한 위젯 기능** : 이 부분이 핵심입니다. 스마트폰 바탕화면에 위젯을 설정하면, 우리가 관심 있는 달러/원, 엔/원 환율뿐만 아니라 주식, 원자재 등 다양한 투자 자산의 가격을 하나의 위젯에서 한눈에 모아 볼 수 있습니다. 대부분의 은행 앱 위젯이 하나의 환율만 보여 주는 것과 비교할 때 인베스팅닷컴은 자신만의 종합 시세판을 위젯으로 만들 수 있다는 압도적인 장점이 있습니다.

하나은행 FX마켓 및 인베스팅닷컴 위젯

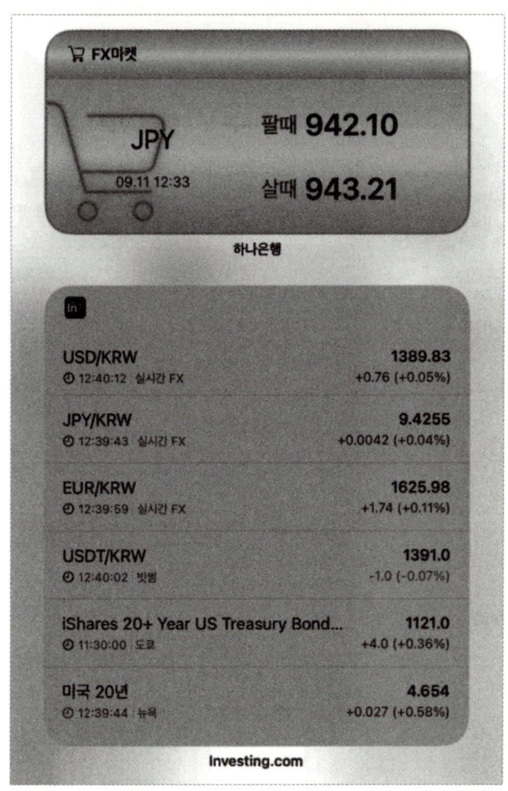

공식을 현실로: 나만의 실전 투자 계획 세우기

자, 그럼 이제 모든 준비가 끝났습니다. 달러 투자 절대 공식이 있

고, 인베스팅닷컴을 통해 실시간 환율이 절대 공식에 따른 매수 조건
에 부합하는 것을 확인했다면 이제부터가 진짜 실전입니다. 감으로
투자하는 것이 아닌, 공식에 따라 나만의 투자 계획표를 미리 만들어
두고 그대로 실행해야 합니다.

총 투자금 1,000만 원을 예시로 직접 계획을 세워 보겠습니다.

투자 계획 수립

1. 분할 횟수 및 금액 결정 : 공식에 따라 투자금을 10회 분할한다.(총 투자금
1,000만 원 ÷ 10회 = 1회당 100만 원)

2. 매수 조건 확인 : 인베스팅닷컴 앱으로 실시간 환율을 확인했을 때 진입기
준 환율 이하라면 투자를 개시한다.

3. 환율의 등락에 따른 투자 실행 : 수립한 계획에 따라 추가 매수 또는 매도를
실행한다.

위 기준에 따라 완성된 나의 '1,000만 원 달러 투자 계획표'는 다음
과 같습니다.

이제 여러분이 할 일은 너무나 명확합니다. 실시간 환율이 매수
조건에 부합하면 가장 유리한 플랫폼을 찾아 1회 차 매수를 시작합
니다. 이후 환율이 산 가격보다 오르면 팔아서 수익을 내고, 내리면
다음 회차 매수를 진행하면 됩니다. 이때 모든 회차를 철저히 독립적
인 거래로 보고 1회 차에 매수한 달러는 오직 1회 차의 목표가에 도
달했을 때만 파는 식으로 각 회차마다 개별적인 수익 실현을 반복하

투자금 1,000만 원 기준 투자 계획표

횟수	매수 환율	매수 금액	매수 금액	매도 환율	수익
1	1,180원	1,000,000원	847달러	1,185원	4,237원
2	1,175원	1,000,000원	851달러	1,180원	4,255원
3	1,170원	1,000,000원	855달러	1,175원	4,274원
4	1,165원	1,000,000원	858달러	1,170원	4,292원
5	1,160원	1,000,000원	862달러	1,165원	4,310원
6	1,155원	1,000,000원	866달러	1,160원	4,329원
7	1,150원	1,000,000원	870달러	1,155원	4,348원
8	1,145원	1,000,000원	873달러	1,150원	4,367원
9	1,140원	1,000,000원	877달러	1,145원	4,386원
10	1,135원	1,000,000원	881달러	1,140원	4,405원

는 것이 핵심입니다. 더 떨어질까 봐 무서워하거나, 더 오를까 봐 욕심을 내는 대신 오직 계획한 대로 움직이는 기계적인 실행을 유지해야만 시장의 변동성을 온전히 나의 수익으로 확정 지을 수 있습니다.

환율 전망을 활용한 계획표 세부 조정 방법

금융기관에서 제공하는 환율 전망 자료를 통해서 투자 계획을 세부 조정할 수도 있습니다. 그런데 환율 전망이 의미 없다고 해 놓고 이제 와서 전망치를 확인하라고 하니 이상하다고 생각할 수 있습니다. 우리는 이 차이를 명확히 이해해야 합니다. 전망치를 확인하는 이유는 환율의 특정 숫자를 예측하기 위해서가 아닙니다. 시장의 힘, 즉 모멘텀을 확인하고자 하는 것입니다.

우리 공식의 기본인 '10회 분할 매수, 5원 하락 시 매수, 5원 상승 시 매도'는 과거 데이터에 기반한 어떤 상황에서도 자산을 지키는 가장 안정적인 공식입니다. 다만, 주식시장처럼 외환시장에도 투기 세

신한은행 월간 환율 전망(2025년 9월)

달러/원	**환율 박스권 유지하며 하방 경직될 듯**
	코스피 향한 외국인의 러브콜이 식어가면서 원화도 힘을 잃어가고 있지만 관건은 달러 방향성. 9월 초순에는 트럼프 측근인 스티브 미란의 상원 청문회(9/4) 및 美 8월 고용보고서(9/5) 경계감에 환율이 하방 압력에 노출될 듯. 다만, FOMC 금리 인하 기대가 높게 형성되어, 점도표 등이 시장 기대 충족시키지 못할 경우 오히려 환율 상승 가능
	예상범위 : 1,370~1,410 원
달러/엔	**환율 상승 예상**
	아직 사임 계획 부인하고 있는 일본 이시바 총리의 사의 표명 시기가 당초 8월 말로 회자되었으나 9월 초순으로 미뤄질 것이라는 전언. 최근 차기 총리 레이스에서는 다카이치 사나에 대망론 대두. 그녀의 아베노믹스 지지 성향이 엔화 약세 자극할 가능성 높아, 차기 유력 주자 부각 국면에서 환율 상승 가능성에 무게
	예상범위 : 145~149엔
엔/원(100)	**단기적 하락 가능**
	8월 들어 엔화가 소폭 반등했지만, 9월 초순으로 예상되는 이시바 총리 사의 표명 및 차기 유력 총리 부각 및 선출 과정에 엔화가 재하락할 것으로 예상. 다만, 하락폭은 제한될 것으로 예상하며, 총리 선출 이후에는 엔화가 다시 상승 전환할 리스크 존재. 9월에는 주로 930~ 955원 범위에 거래 예상
	예상범위 : 919~972원 (단순 재정환율)

력이 존재하며, 이들의 움직임은 환율의 단기적인 방향성을 만들어 냅니다. 모멘텀이 형성되면 환율은 그 방향으로 더 빠르게 쏠리는 경향이 있습니다.

따라서 우리는 전망치를 통해 '현재 시장 참여자들이 상방과 하방 중 어느 쪽의 가능성을 더 높게 보고 있는가?' 하는 시장의 전반적인 분위기와 힘의 방향을 가늠하는 것입니다.

이러한 모멘텀을 파악하는 가장 간단한 방법은 주요 은행의 환율 전망 리포트를 참고하는 것입니다. 리포트에서 전문가들이 예측하는 환율의 하단Bottom을 확인해 보기 바랍니다.

만약 전문가들이 예측하는 하단과 현재 환율이 매우 근접해 있다면(예 : JPY/KRW 전망치 하단 930원 / 현재 935원), 이는 하방 모멘텀이 거의 소진되었을 가능성이 높다는 신호로 해석할 수 있습니다. 이럴 때 우리는 기본 원칙인 10회 분할을 5~7회로 압축하여 투자를 진행하는 전략적 판단을 고려해 볼 수 있습니다. 마찬가지로 시장 상황에 따라 간격을 5원에서 3원 정도로 변경해 볼 수도 있습니다. 이는 공식을 어기는 것이 아니라 시장의 모멘텀을 참고하여 공식을 더 효율적으로 운용하는 심화 전략입니다.

Investing.com: 해외주식,
경제뉴스,포트폴리오

실시간 금융 주식 데이터, 경제 뉴스, 포트···

1.9만개의 평가	연령	차트	개발자
4.7 ★★★★★	**4+** 세	**#95** 금융	Fusion Media L

새로운 소식 >

버전 6.59.3   1주 전

업그레이드, 업데이트, 버그 개선 등을 통해 유저님의 인베스팅닷컴
경험을 한층 높여보세요.질문이 있으세요? 피드백? 러브레터?
더 보기 메뉴에서 유저님의 의견을 보내주세요 → 피드백 ᄂ 더 보기

1. **'인베스팅닷컴' 앱 실행** : 스마트폰에 인베스팅닷컴 앱을 설치하고
   실행합니다.

2. **'Watchlist' 메뉴 이동** : 앱 하단의 'Watchlist'를 눌러서 이동합니다.

3. **관심 종목 추가** : 오른쪽 위 '돋보기' 버튼을 누릅니다.검색창에
   USDKRW,JPYKRW라고 각각 입력한 후, 검색된 대상의 오른쪽에
   있는 별 모양을 선택하여 관심목록에 추가합니다.(개별주식, USDT,
   미국채 등도 추가 가능)

4. 위젯 설정 : 스마트폰 바탕화면에서 '위젯' 기능으로 인베스팅닷컴 위젯을 선택하면, 설정한 관심종목의 시세를 앱 실행 없이 바로 확인할 수 있습니다.

참고용 환율로 활용하세요!

여기서 반드시 기억해야 할 점이 있습니다. 인베스팅닷컴은 실제 거래를 중개하는 플랫폼이 아닌, 글로벌 금융 정보를 제공하는 업체입니다. 따라서 앱에서 보여 주는 환율은 국제 외환시장의 시세를 기반으로 한 참고용 자료로, 우리가 토스뱅크나 키움증권 등에서 실제 거래할 수 있는 환율과는 차이가 발생할 수 있습니다. 특히 환율 변동성이 큰 순간에는 이 차이가 예상보다 크게 나타나는 경우도 있습니다.

그러므로 인베스팅닷컴 환율은 시장의 전반적인 흐름을 파악하고 '매수 조건에 근접했다.'는 신호를 얻는 용도로 활용하고, 최종적인 매수/매도 결정은 반드시 실제로 거래할 플랫폼에 접속하여 정확한 거래 환율을 확인한 뒤에 실행해야 합니다.

이제 여러분은 언제 어디서든 단 1초 만에 실시간 환율을 손쉽게 확인하고, 명확한 원칙에 따라 투자를 실행할 준비를 모두 마쳤습니다.

2

공식 2단계
: 차이를 만드는 매수의 기술

지금까지 달러 투자 절대 공식을 익히고, 인베스팅닷컴 또는 다른 금융기관에서 제공하는 위젯을 통해 손쉽게 실시간 환율을 확인하는 법을 배웠습니다. 그렇다면 이제는 실전입니다. 내가 세팅해 둔 플랫폼에 접속하여 실제 매수를 진행할 차례입니다. 하지만 막상 매수 버튼을 누르려고 하면 몇 가지 생소한 화면과 마주하게 됩니다.

이 단계에서 우리가 내려야 할 결정은 크게 2가지입니다.

첫째, 환전수수료의 유무에 따른 환율창을 어떻게 읽을 것인가?

둘째, 거래금액을 '원화'에 맞출 것인가? '외화'에 맞출 것인가?

이 2가지를 명확히 이해하면 여러분은 어떤 상황에서도 망설임 없이 최적의 거래를 실행할 수 있습니다.

환율창의 비밀 : 수수료 유무에 따른 차이

CASE 1 **환전수수료가 없는 곳** : 토스뱅크나 스위치원처럼 환율 우대

환전수수료가 없는 플랫폼의 환율 고시

100%, 즉 수수료가 없는 곳은 환율창이 매우 단순합니다. 기준이 되는 환율이 단 하나만 표시됩니다. 이 환율 그대로 외화를 사거나 팔 수 있습니다. 보이는 것이 전부이므로 혼동할 여지가 없습니다.

CASE 2 **환전수수료가 있는 곳** : 하나은행이나 키움증권처럼 환전수수료가 발생하는 플랫폼은 아래 이미지처럼 '살 때'와 '팔 때'의 가격이 각각 나뉘어 표시됩니다. 이 가격 차이가 바로 금융기관이 취하는 수수료인 '스프레드Spread'입니다. 우리는 환율 우대를 통해 이 비용을 최대한 할인받는 것이며, 만약 매수와 매도 가격의 간격이 지나치게

하나은행의 환율 고시

환율 우대, 제대로 적용되었는지 확인하는 법

CASE 2의 사례처럼 환전수수료가 있는 곳에서 거래할 때는 거래 전에 반드시 환율 우대가 적용되었는지 확인을 하고 투자를 진행해야 합니다. 하나은행의 경우에는 FX마켓 화면에 보기 좋게 표시되어 있지만 키움증권 영웅문S 글로벌 앱의 경우에는 환전 진행 시 적용환율이라고만 표시되어 있기 때문에 이것만 봐서는 우대가 잘 적용되어 있는지 알 수 없습니다. 환율 우대가 잘 적용되어 있는지 보려면 아래의 단계로 확인하면 됩니다.(만약 영웅문S# 앱을 이용한다면 '환전' 메뉴에서 즉시 적용된 우대율을 확인할 수 있음)

1. 영웅문S 글로벌 앱을 켜고 왼쪽 하단의 '메뉴'를 클릭합니다.

2. 상단의 돋보기 버튼을 누르고, '목표환율 신청'을 검색합니다

3. 해당 화면 하단의 '우대사항'을 보면 적용된 우대율을 확인할 수 있습니다.

넓다면 우대가 제대로 적용되지 않았다는 의미입니다. 우대 없이 투자를 시작하는 것은 진입과 동시에 손실을 안고 시작하는 것과 다름없으므로 거래를 하기 전에 반드시 우대율 적용 여부를 확인해야 합니다.

<h2 style="color:#e8534a">원화 기준 vs 외화 기준 :
투자 기준점은?</h2>

이제 실제 거래 금액을 입력할 차례입니다. 이때 우리는 100만 원, 1,000만 원처럼 원화를 기준으로 삼을 수도 있고, 100달러, 1,000달러처럼 외화를 기준으로 삼을 수도 있습니다. 각각의 방식은 뚜렷한 장단점이 있습니다.

- **'원화' 기준 투자의 장점 : 직관적인 수익금 확인**

  '1회 차 매수 금액 100만 원'처럼 원화를 기준으로 투자 계획을 세우면 수익금을 확인하는 과정이 매우 직관적이고 빨라집니다. 예를 들어, 100만 원어치 산 달러를 팔 때, 매도 예상금액이 100만 5,000원으로 확인된다면 계산기를 두드릴 필요도 없이 '5,000원 벌었구나.'라고 즉시 알 수 있습니다.

- **'외화' 기준 투자의 장점 : 유연한 플랫폼 활용 전략(교차 매도)**

  '1회 차 매수 금액 1,000달러'처럼 외화를 기준으로 투자하면 초보자의 단계를 넘어선 효과적인 투자 전략 하나를 활용할 수 있게 됩니다. 바로 '플랫폼의 제약을 뛰어넘는 교차 매도' 전략입니다.

예를 들어 보겠습니다.

- **상황** : 24시간 거래가 가능한 하나은행과 거래 시간이 정해진 키움증권 두 플랫폼을 사용합니다.
- **매수 기록**
  - 하나은행에서 1,000달러를 환율 1,400원에 샀습니다.(1회 차)
  - 키움증권에서 1,000달러를 환율 1,390원에 샀습니다.(2회 차)

오전 7시에 눈을 떠서 환율을 확인해 보니 1,400원으로 올랐습니다. 투자 계획대로라면 1,390원에 산 키움증권의 달러를 팔아야 10원의 환차익(1,000달러 기준 1만 원 수익)이 실현됩니다. 하지만 문제가 발생합니다. 오전 7시는 키움증권의 환전 업무 시간이 아닙니다. 눈앞에 수익 실현의 기회가 있지만, 플랫폼이 닫혀 있어 팔 수가 없는 상황입니다. 장이 열리면 팔아야겠다고 생각할 수 있지만, 개장 직후 환율이 급등락하는 경우가 매우 잦기 때문에 수익 실현 기회가 포착되면 즉시 거래를 해야 합니다.

이때 외화 기준 투자가 빛을 발합니다. 두 플랫폼에 1,000달러라는 동일한 외화 금액을 보유하고 있기 때문에 투자 기록만 수정하여 지금 거래 가능한 하나은행의 달러를 팔면 됩니다.

즉 실제로는 24시간 거래가 가능한 하나은행 계좌에서 1,000달러를 매도하지만, 투자관리 시트에는 '1,390원에 샀던 키움증권의 1,000달러를 1,400원에 매도하여 1만 원의 수익을 확정했다.'고 기록하는 것입니다. 아침이 되어 키움증권 거래 시간이 되면, 그곳에 남아 있는 1,000달러는 '1,400원에 산 하나은행 달러'가 넘어온 것이라고 생각하면 됩니다.

이것이 바로 우리가 24시간 거래가 가능한 플랫폼을 반드시 하나는 만들어 두어야 하는 이유입니다. 외화 기준 투자는 실제 외화를 이체하지 않더라도 언제든 기회가 왔을 때 수익을 실현할 수 있는 유연성을 제공합니다.

3

공식 3단계
: 함정에서 벗어나는 매도의 방법

우리는 달러 투자 절대 공식에 따라 성공적으로 달러를 매수했습니다. 이제 환율이 상승하여 수익을 실현할 시간입니다. 하지만 많은 투자자가 매도 단계에서 혼란을 겪습니다. 앱에 표시된 파란색 평가 손실(-%) 숫자만 보고, 수익 실현의 기회를 놓쳐 버리기 때문입니다.

이번 장에서는 달러 투자의 성패를 가르는 가장 중요한 원칙, 바로 평단가의 함정을 피하고, 모든 투자 건을 개별로 관리하여 수익을 실현하는 방법에 대해 알아보겠습니다.

평단가의 함정과
개별 거래의 원칙

금융기관이 보여 주는 평단가

하나은행이나 토스뱅크 등 대부분의 금융기관 앱은 여러분이 매수한 모든 달러의 평균 가격, 즉 평단가(평균매입단가)를 기준으로 현재 평가금액을 보여 줍니다.

예를 들어, 여러분이 아래와 같이 두 번에 걸쳐 달러를 샀다고 가정해 보겠습니다.

- **매수 A** : 1,000달러 @ 1,320원
- **매수 B** : 1,000달러 @ 1,350원

이 경우 앱은 여러분의 평단가를 1,335원으로 계산합니다. 그리고 현재 환율이 1,335원보다 낮으면 평가손실(파란색 숫자), 높으면 평가이익(빨간색 숫자)을 보여 줍니다.

우리가 따라야 할 개별 거래의 원칙

이제부터가 핵심입니다. 우리는 앱에 표시되는 평단가와 평가손익을 절대 보지 않습니다. 그 대신 모든 매수 건을 각각의 독립된 개별 거래로 인식합니다.

위의 예시와 같이 매수한 상황에서 현재 실시간 환율이 1,330원이 되었다고 가정해 보겠습니다.

- **앱의 시각** : 여러분의 평단가는 1,335원인데 현재 환율은 1,330원이므로 앱 화면에는 '-5원'의 평가손실이 표시됩니다. 많은 투자자는 이 파란색 숫자를 보고 '아직 팔 때가 아니구나.'라고 생각하며 매도를 포기합니다. 이것이 바로 평단가의 함정입니다.
- **우리의 시각** : 평단가를 무시하고, 우리가 기록한 개별 거래 내역을 봅니다.
  - **매수 A(1,320원)** : 현재 환율(1,330원)이 매수가(1,320원)보다 10원 높습니다. → 수익 실현 가능
  - **매수 B(1,350원)** : 현재 환율(1,330원)이 매수가(1,350원)보다 낮습니다. → 매도 대상 아님
- 따라서 우리는 전체 계좌가 평가손실 상태임에도 불구하고 수익 구간에 진입한 '매수 A' 건만 정확히 골라 매도하여 10,000원(1,000달러 × 10원)의 수익을 확정합니다.

이처럼 모든 거래를 개별적으로 바라보면 계좌의 전체 수익률이 마이너스인 상황에서도 꾸준히 수익을 확보할 수 있습니다.

효과적인 관리를 위한 필수 도구 : 외화 투자 관리 시트

위의 전략을 실행하기 위해서는 한 가지 전제 조건이 따릅니다. 바로 모든 투자 내역을 관리하는 것입니다. 앱에서 보이는 평단가만으로는 어떤 거래 건이 수익 구간에 있는지 알 수 없기 때문입니다.

아래 그림이 바로 우리가 사용할 '외화 투자 관리 시트'입니다.

외화 투자 관리 시트

Summary

누적수익금	2,000	현재 보유중인 엔화	100,000
평균수익률	0.00%	현재 보유중인 달러	-
누적투자 원화 금액	1,408,500	투자중인 원화 금액	936,500

Mr.Dollar 달러투자 대표채널

사용법)
아래 표에서 빨간 점선 안의 셀에만 내용을 입력하시면 되고, 내용 추가시 셀추가를 통해서 수식을 그대로 쓰시면 됩니다.

매수						매도						수익률
플랫폼	매수일	적용환율	통화	외화	원화	매도일	적용환율	외화	원화	수익금	진행단계	
토스뱅크	2025-08-02	944.00	JPY	50,000	472,000	25-08-03	948.00	50,000	474,000	2,000	완료	0.42%
키움증권	2025-08-04	939.00	JPY	50,000	469,500			-	-	-	진행	0.00%
FX마켓	2025-08-07	934.00	JPY	50,000	467,000			-	-	-	진행	0.00%
					-			-	-	-		0.00%
					-			-	-	-		0.00%
					-			-	-	-		0.00%
					-			-	-	-		0.00%
					-			-	-	-		0.00%

이 시트처럼 내가 언제, 어떤 플랫폼에서, 얼마의 환율로, 얼마만큼의 외화를 샀는지 개별적으로 기록해 두어야만 앞서 설명한 개별 거래 단위의 분할매도 전략을 구사할 수 있습니다.

외화 투자 관리 시트
다운로드 및 사용 방법

이제 여러분의 달러 투자를 스마트하게 관리해 줄 투자 관리 시트를 직접 사용하는 방법을 알려 드립니다.

접속 및 개인용 사본 만들기

QR코드를 스캔하여 구글 스프레드시트에 접속하세요. 원본 파일은 여러 사람이 함께 보는 파일이므로 직접 수정이 불가능합니다. 따라서 접속 후에 반드시 상단 메뉴의 [파일] → [사본 만들기] 를 선택하여 본인의 구글 드라이브에 개인용 사본을 저장한 뒤 사용해야 합니다.

사용 방법

이 시트의 사용법은 매우 간단합니다. 빨간 점선 내의 칸만 직접 입력하면 나머지는 자동으로 계산됩니다.

- **매수 기록** : 달러나 엔화를 매수할 때마다 [플랫폼], [매수일], [적용환율], [통화], [외화금액]을 순서대로 기입합니다. 상응 원화금액은 외화금액을 기준하여 자동으로 계산됩니다.
- **매도 기록** : 수익 실현 조건이 충족되어 매도를 실행했다면 해당 매수 건과 같은 줄의 오른쪽 '매도' 영역에 [매도일]과 [적용환율]을 기입합니다. 그러

면 수익금과 수익률이 자동으로 계산되며, 진행 단계가 '완료'로 바뀌게 됩니다.

이 시트를 꾸준히 작성하는 습관만으로도 여러분은 평단가의 함정에서 벗어나 모든 수익 기회를 놓치지 않는 현명한 투자자로 거듭날 수 있습니다.

하나은행 FX마켓 '투자일지' 활용법

만약 여러분이 여러 플랫폼 중에서도 하나은행 FX마켓을 주력으로 사용한다면 앞서 소개한 엑셀 시트와 유사한 역할을 하는 내장 기능을 활용하여 거래 내역을 관리할 수 있습니다. 바로 '투자일지' 기능입니다.

이 기능은 내가 직접 FX마켓에서 거래한 내역을 불러와 등록

하나은행 FX마켓 투자일지

하고, 개별 건별로 수익률을 추적할 수 있도록 도와줍니다. 자동으로 모든 거래가 기록되는 것이 아니라 내가 직접 조회하고 등록하는 과정이 필요하다는 점을 반드시 기억해야 합니다.

[투자일지 사용 및 등록 방법]

1. '하나원큐' 앱 실행 후 FX마켓 진입 : [전체메뉴] → [외환] → [FX마켓] 순서로 들어갑니다.

2. '투자일지' 메뉴 선택 : FX마켓 메인 화면에서 '투자일지' 메뉴를 선택합니다.

3. 거래내역 불러오기 및 등록

- 투자일지 화면에서 '등록' 또는 '조회' 버튼을 누릅니다.

- 조회 기간을 설정하여 내가 FX마켓에서 매수한 거래 내역을 불러옵니다.

- 불러온 거래 내역 중 투자일지에 등록하여 관리하고 싶은 건을 선택하여 '등록'을 완료합니다.

4. 개별 거래 내역 확인 및 수익 실현 대상 찾기

- 등록이 완료되면 투자일지 화면에 내가 등록한 매수 건들이 개별 라인으로 표시됩니다.

- 이제 이 화면을 '투자 관리 시트'처럼 활용하면 됩니다.

- '매수 환율'보다 현재 환율이 높은 거래 건이 바로 지금 매도하여 수익을 실현할 수 있는 대상입니다.

이처럼 하나은행 FX마켓의 투자일지 기능은 개별 거래 원칙을 앱 내에서 실행할 수 있도록 돕는 유용한 도구입니다. 다만, 이 기능은 오직 하나은행 FX마켓 내의 거래만 등록 및 관리가 가능하므로 키움증권이나 토스뱅크 등 여러 플랫폼을 함께 사용한다면 앞서 소개한 투자관리 엑셀 시트를 마스터 장부로 활용해야 한다는 점을 기억하기 바랍니다.

공식 4단계
: '1%' 달러 투자자의 시스템 설계

단순히 '환율이 오르면 판다.'는 생각만으로는 충분하지 않습니다. 어떻게 팔아야 우리의 수익을 한 푼이라도 더 지켜 낼 수 있을까요? 이 장에서는 매도의 기본 원칙과 기회를 놓치지 않고 '잘' 파는 기술, '1%' 달러 투자자의 시스템 설계 방법에 대해 알아보겠습니다.

반드시 지켜야 할 매도의 2가지 기본 원칙

우선, 매도할 때 반드시 지켜야 할 2가지 기본 원칙을 다시 한 번 말씀드리겠습니다.

① 환율 우대를 끝까지 확인하라

공식 2단계에서 강조했듯, 키움증권이나 하나은행처럼 환전수수료가 있는 플랫폼에서는 반드시 최종 적용환율을 확인해야 합니다. 실제 매도 주문의 마지막 확인창에 뜨는 적용환율이 여러분이 수수료를 할인받은 최종 가격입니다. 환율 우대가 적용되었는지, 수익금이 얼마인지 명확히 확인하고 매도 버튼을 눌러야 합니다.

② 평단가가 아닌 개별 매수 건을 보고 팔아라

이것이 우리 전략의 핵심입니다. 대부분의 금융 앱은 내 계좌의 전체 달러 평균 매입 단가인 평단가를 기준으로 수익률을 보여 줍니다. 그래서 평단가보다 현재 환율이 낮으면 계좌 전체가 평가손실(파란색 숫자)로 표시됩니다. 하지만 우리는 이를 무시합니다. 우리는 우리가 기록한 투자 관리 시트를 보고, 현재 환율보다 매수단가가 낮은 개별 건을 찾아냅니다. 그리고 계좌 전체가 평가손실 상태일지라도 수익 구간에 있는 바로 그 한 건만 정확히 골라서 매도하여 수익을 실현합니다.

'잘' 파는 기술 :
기회를 놓치지 않는 플랫폼 활용법

'잘 판다.'는 것은 당연히 '높은 환율에 매도한다.'는 의미입니다. 하지만 아무리 높은 환율이 눈앞에 펼쳐져도 내가 이용하는 플랫폼에서 거래시간 제한으로 팔 수 없거나 높은 우대율을 받지 못하면 그

◆ '가환율'이란 무엇인가?

가환율이란 거래 가능 시간(평일 오전 9시 ~ 새벽 2시) 외의 시간에 환전 거래를 할 때 키움증권이 임시로 적용하는 환율을 말합니다.

서울 외환시장이 닫혀 있어 실시간 환율을 알 수 없으므로 증권사는 환율 변동의 위험을 피하기 위해 안전장치를 마련하는데, 이것이 바로 가환율입니다. 보통 전날의 마지막 환율에 매우 높은 수준의 수수료율(스프레드)을 적용하여 계산됩니다.

이 수수료율(스프레드)은 투자자가 아닌 증권사의 위험을 막기 위한 것이므로 투자자에게는 거의 항상 불리하게 적용됩니다. 달러를 살 때는 훨씬 비싸게, 팔 때는 훨씬 싸게 적용되는 것이 일반적입니다.

물론, 가환율로 거래하더라도 다음 영업일 오전에 서울 외환시장이 열리면 정산환율로 금액이 재계산되어 정산 과정을 거칩니다. 하지만 정산 전까지 투자자는 자금이 묶이고 그 사이 환율 변동에 따른 손실을 볼 수 있는 등 불확실성을 감수해야 합니다.

결론적으로 가환율 거래는 당장의 거래는 가능하게 해 주지만 불확실성을 감수해야 하므로 피해야 하는 거래 방식입니다.

기회는 그림의 떡일 뿐입니다.

예를 들어 보겠습니다. 여러분이 키움증권에서 달러를 사 두었는데, 한국 시간으로 새벽 3시에 미국 연준의 금리 결정 발표로 환율이 급등했습니다. 지금이 바로 매도하여 큰 수익을 낼 절호의 기회입니다. 하지만 키움증권은 정해진 거래 가능 시간이 있어 새벽 시간에는 환전 거래가 불가능합니다. 이때 섣불리 거래를 시도하면 '가환율'이라는 덫에 걸릴 수 있습니다.

결정적인 기회를 놓치지 않으려면 앞서 소개한 외화 기준 투자를 통한 교차매도 전략을 활용하거나 자산을 유연하게 움직일 수 있는 시스템을 미리 설계해 두어야 합니다. 핵심 전략은 각 플랫폼의 장점을 파악하여 결합하는 것입니다.

키움증권과 하나은행의 장점 결합하기 : 높은 우대율 + 24시간 거래 가능

이 전략은 키움증권의 높은 환율 우대 혜택과 하나은행의 24시간 거래 유연성이라는 두 플랫폼의 장점을 결합하는 것입니다.

키움증권에서 하나은행의 최고 우대율(약 90% 수준)보다 높은 95%의 환율 우대를 적용받아 달러를 매수합니다. 이후 해당 달러를 하나은행으로 이체하면 투자자는 더 높은 우대율로 달러를 매수하고 그 달러를 24시간 언제든 사고팔 수 있는 상태로 전환할 수 있습니다.

특히 늦은 밤이나 새벽에 미국 경제 지표 발표와 같은 변동성이 큰 이벤트가 예정된 경우, 이러한 사전 준비를 통해 거래 시간이 제한된 일반 투자자들보다 앞서 수익 실현의 기회를 잡을 수 있어 전략적 우위를 확보하게 됩니다.

키움증권에서 하나은행으로 외화이체하는 방법

1. 키움증권 영웅문S# 글로벌 앱을 실행합니다.

2. [메뉴] → [업무] → [입출금] → [외화이체(타사) 등록/조회] 순서로 들어갑
   니다.

3. 외화이체의 경우 사전 등록 절차가 필요하므로 해당 화면에서 하나은행 외
   화 계좌를 등록합니다.

4. 외화 계좌 등록이 완료되었다면, [외화이체(타사)] 화면으로 이동하여 등록
   한 계좌를 선택한 후 이체할 외화 금액 및 기타 정보를 정확히 입력합니다.

5. 본인인증 절차를 거치면 외화 이체가 진행되며, 은행 공동망 운영시간 내에
   이체가 완료됩니다.(일반적인 경우 즉시 처리되며, 카카오톡으로 처리 완료 메
   시지가 발송됨)

**스위치원 활용하기 : 높은 우대율 + 24시간 거래 가능 + 미국 주식 매수
시 환전 비용 절감**

스위치원은 24시간 거래 가능, 환전수수료 0원이라는 기본적인 장점에다 주 1회 이체수수료 없이 타행으로 이체가 가능한 유연성을 갖춘 플랫폼입니다. 단, 일반모드의 환전 한도는 매수, 매도 합산 1일 4,000달러이기 때문에 한도가 비교적 적다는 점은 고려해야 합니다.

키움증권이나 하나은행 등 외화이체가 가능한 금융기관에서 달러를 매수했다면 그 달러를 스위치원으로 이체하여 '24시간 언제든지,

환전수수료 없이 팔 수 있는 달러'로 바꿔 둘 수 있습니다. 또한 증권사의 외화 계좌를 스위치원에 등록한 뒤, 스위치원에서 수수료 없이 환전한 달러를 증권사의 외화 예수금 계좌로 이체하여 미국 주식 매수 시 발생하는 환전 비용을 절감할 수 있습니다.(참고로 2025년 11월 스위치원에서 미국 주식 소수점 투자 서비스를 오픈하여, 이제는 스위치원 앱 내에서 환전과 미국 주식 투자를 한 번에 진행할 수도 있습니다.)

이처럼 각 플랫폼의 장점을 활용하여 상황에 따라 자산을 유연하게 움직일 수 있는 시스템을 설계하는 것이 중요합니다. 이게 바로 단순한 환전 이용자와 각 플랫폼의 장점을 이해하고 시스템을 설계하는 1%의 투자자를 가르는 결정적인 차이입니다.

Chapter 5

잠들지 않는
달러 투자 시스템

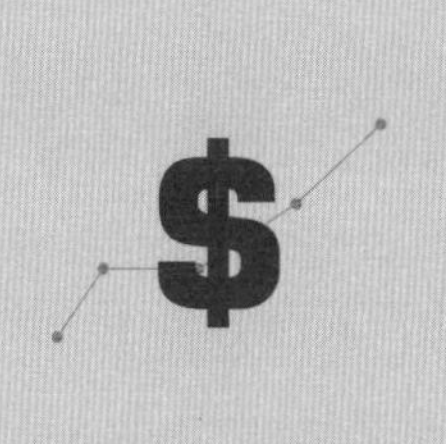

1

하락장의
공포를 이겨 내는 법

내가 투자한 자산의 가격이 하락할 때 두려운 마음이 드는 것은 지극히 당연한 인간의 본능입니다. 달러 투자도 마찬가지입니다. 스마트폰 앱을 열었을 때 내 계좌에 선명하게 찍힌 파란색 숫자(평가손실)를 보면 심장이 철렁 내려앉고, 손바닥에 땀이 나며, '내가 뭔가 단단히 잘못했구나.' 하는 불안감에 휩싸이게 됩니다.

우선, 그럴 때일수록 달러 투자 절대 공식의 첫 번째 원칙을 기계적으로 떠올려야 합니다. 환율이 하락하면 우리는 계획대로 추가 매수를 진행하면 됩니다. 명심하기 바랍니다. 환율의 하락은 여러분의 실수나 위기가 아니라 우리가 처음부터 계획했던 시스템의 정상적인 작동 과정입니다. 이것은 재앙이 아니라 오히려 더 유리한 가격에 새로운 수익의 씨앗을 심을 수 있는 절호의 기회입니다.

하지만 진짜 공포는 모든 분할매수 횟수를 소진했는데도 환율이 더 떨어졌을 때 찾아옵니다. 더 이상 심을 씨앗이 없는데 평가손실은 점점 더 커지는 상황이 되면 어떻게 해야 할까요?

아마 대부분의 투자자는 이 상황에서 '무언가 조치를 취해야 한다.'는 강박에 시달릴 것입니다

"계속 떨어지면 어떡하지? 지금이라도 손절해야 하나?"

"타이밍이 완전히 틀렸어. 더 기다렸어야 했는데…."

이처럼 감정의 파도가 거세게 몰아칠 때 투자의 대가들은 우리에게 어떤 조언을 할까요? 그들은 이 감정의 파도를 어떻게 넘어섰을까요?

워런 버핏의 스승이자 가치투자의 아버지인 벤저민 그레이엄은 저서 『현명한 투자자』를 통해 우리에게 미스터 마켓Mr. Market이라는 아주 현명한 비유를 들려줍니다.

그는 시장을 여러분과 함께 사업체를 운영하는 감정 기복이 아주 심한 동업자에 비유합니다. 이 동업자는 매일 여러분을 찾아와, 오늘은 자신의 지분을 여러분에게 팔거나 혹은 여러분의 지분을 사겠다며 새로운 가격을 제시합니다. 어떤 날은 극도로 흥분해서 터무니없이 비싼 가격을 부르고, 어떤 날은 세상이 끝난 것처럼 절망하며 자신의 지분을 헐값에 팔아 치우려고 합니다.

그레이엄은 말합니다. 현명한 투자자는 이 변덕스러운 동업자의 감정에 휩쓸리는 사람이 아니라 그의 어리석음을 이용하는 사람이라

고 말입니다. 즉 시장이 공포에 질려 자신의 지분을 헐값에 팔겠다고 할 때(환율 하락), 우리는 덩달아 공포에 떨며 내 지분까지 던질 이유가 전혀 없습니다. 오히려 '내 동업자가 지금 제정신이 아니구나.' 하고 그의 제안을 차분히 무시하거나, 여유가 있다면 그가 던지는 헐값의 제안을 기꺼이 받아먹으면 그만입니다.

전 세계적인 베스트셀러『돈의 심리학』에서 모건 하우절은 이런 변동성을 벌금fine이 아닌 수수료fee로 받아들여야 한다고 말합니다. 벌금은 우리가 뭔가 잘못했을 때 내는 것이지만, 수수료는 좋은 것을 얻기 위해 기꺼이 내는 비용입니다. 멋진 영화를 보기 위해 영화 관람료를 내고, 짜릿한 놀이기구를 타기 위해 입장료를 내는 것처럼 말입니다.

계좌에 찍힌 파란색 숫자는 여러분이 실수를 해서 내는 벌금이 아닙니다. S&P500의 연평균 수익률마저도 손쉽게 이기는 달러 투자라는 놀이기구에 탑승하기 위해 반드시 내야 하는 입장료인 셈입니다. 이게 바로 우리 전략에 대한 깊은 이해에서 비롯한 '아무것도 하지 않는 것'이 가장 적극적이고 현명한 대응인 이유입니다.

우리는 이미 알고 있습니다.

- 첫째, 우리의 첫 번째 매수는 역사적 데이터로 검증된 안전한 가격대에서 시작했습니다.
- 둘째, 우리는 환율이 하락할 때마다 점점 더 유리하고, 통계적으로 더 희귀한 가격에 새로운 수익의 씨앗들을 계속 심어 왔습니다.

- 셋째, 환율의 특성상 분할매수가 진행되는 구간인 45원(5원 x 9회)이 단 한 번의 반등도 없이 수직으로 하락하는 경우는 없습니다. 즉 우리는 10번의 분할매수를 진행하는 동안, 중간중간 작은 반등을 이용해 이미 여러 번의 수익을 실현했을 것입니다.

눈앞에 떠 있는 평가손실을 보고 두려운 마음이 들 수는 있지만, 그 감정을 차분히 바라보고 우리가 무엇을 이뤄 냈는지 되짚어 봐야 합니다. 여러분의 계좌에 찍힌 파란색 숫자는 실패의 증거가 아닙니다. 오히려 그것은 시장의 공포가 극에 달했을 때도 여러분이 원칙을 지키고 계획했던 모든 수익의 씨앗을 역사상 가장 비옥한 땅에 모두 심었다는 증거입니다. 여러분은 이제, 아주 작은 햇볕(환율 반등)만 들어도 가장 먼저, 가장 풍성하게 열매를 맺을 수 있는 가장 유리한 농지를 확보한 것입니다.

주식처럼 반 토막이 날 걱정도 할 필요가 없습니다. 우리가 투자한 것은 한순간에 사라질 수 있는 기업이 아니라 국가의 경제력 그 자체인 통화이기 때문입니다. 물론, 물려 있는 기간에도 자본의 효율을 높일 수 있는 대응 방법들을 소개해 드릴 것입니다. 하지만 그 모든 기술보다 선행되어야 하는 것은 바로 이 마음가짐입니다.

'나는 이미 이기는 게임을 하고 있다.'

이 확고한 믿음이 있다면 하락의 공포는 더 이상 여러분을 흔들 수 없습니다.

2

'돈으로 돈을 산다'는 것의 의미

앞 장에서 우리는 환율이 하락했을 때 감정에 휘둘리지 않고 평정심을 유지하며 기다리는 것이 가장 현명한 대응임을 배웠습니다. 하지만 우리는 여기서 한 걸음 더 나아갈 수 있습니다. 우리가 투자한 대상은 주식이나 부동산 같은 상품이 아니기 때문입니다. 우리는 말 그대로 돈으로 돈을 샀습니다.

여러분의 계좌에 있는 달러와 엔화는 그저 숫자로만 존재하지 않습니다. 그것은 당장이라도 미국과 일본 시장에 상장된 주식이나 채권을 살 수 있고, 심지어는 그 돈으로 이민을 갈 수도 있는 '진짜 돈'입니다.

이게 왜 중요할까요?

우리는 이 진짜 돈을 활용해서 물려 있는 지루한 시간마저 수익으로 바꿀 수 있는 2차 투자를 할 수 있기 때문입니다.

"이미 달러 투자로 물려 있는데, 또 다른 투자를 하는 것은 위험을 2배로 늘리는 것 아닌가요?"

아주 정확하고 중요한 지적입니다. 하지만 한 번 반대로 생각해 보겠습니다. 만약 우리가 주식이나 부동산에 물렸을 때 우리가 할 수 있는 대응이 무엇이 있을까요? 사실상 기도하며 기다리는 것 외에는 아무것도 할 수 없습니다. 하지만 우리는 돈에 투자했기 때문에 그 돈을 활용할 수 있는 다음 행동이 가능하다는 것 자체가 다른 투자에서는 찾아볼 수 없는 엄청난 장점입니다.

물론, 그 행동에는 반드시 원칙이 따라야 합니다. 그래서 우리의 2차 투자는 절대적으로 다음 2가지 원칙을 지켜야 합니다.

- **환차익이 목표임을 잊지 않는다** : 2차 투자는 어디까지나 보너스 게임입니다. 환율이 올라 우리가 정한 목표가에 도달하면, 2차 투자 자산을 매도하여 환차익을 실현해야 합니다. 즉 안정된 가격흐름을 보여 주는 자산에 2차 투자를 해야 합니다.
- **수익률이 아닌 안정성에만 집중한다** : 2차 투자의 목표는 큰돈을 버는 것이 아니라 배당과 이자를 통해 기다리는 시간 동안 발생하는 기회비용을 제로(0)에 가깝게 만드는 것입니다.

이 2가지 원칙을 지킬 수 있는 가장 안전하고 현실적인 2가지 방법을 소개해 드리겠습니다.

초보자를 위한 가장 단순하고 안전한 선택 : 외화RP와 발행어음

"저는 주식은 하나도 모릅니다."

괜찮습니다. 경험이 없는 투자자라면 굳이 위험을 감수할 필요가 전혀 없습니다. 증권사에는 원금 손실의 위험이 사실상 거의 없으면서도 잠자는 외화에 이자를 붙여 주는 아주 좋은 상품들이 있습니다. 대표적인 것이 바로 '외화 RP'와 '발행어음'입니다.

- **외화RP(환매조건부채권)** : 쉽게 말해, 증권사가 우량한 채권을 담보로 며칠 혹은 몇 달만 돈을 빌리고, 그 대가로 약속된 이자를 주는 초단기 예금과 같습니다. 담보가 있기 때문에 매우 안전합니다.
- **발행어음** : 이것은 신용도가 매우 높은 대형 증권사가 자신의 신용을 담보로 발행하는 어음입니다. "제가 책임지고 이 돈에 이자를 붙여 돌려 드리겠습니다." 하고 약속하는 증서인 셈입니다.

이 두 상품 모두 증권사가 망하지 않는 한 원금 손실의 위험 없이 연 4~5% 수준의 이자를 받을 수 있습니다. 환율 하락으로 인해 매도하지 못하고 잠자고 있는 외화가 스스로 일을 해서 이자를 벌어 오는 것입니다.

· 키움증권에서 외화RP 투자하기 ·

키움증권에서 달러를 매수했거나, 타사에서 달러를 매수한 뒤 키움증권으로 이체를 해 둔 경우 해당 달러로 외화RP를 매수하는 방법을 단계별로 알려 드리겠습니다.

1. '영웅문S#' 앱 하단 [메뉴] 선택

2. [금융상품] → [RP] 선택 : 메뉴 리스트에서 '외화RP매매'를 선택합니다.

3. [외화RP매매] → [외화RP 상품 보기] 선택 : '외화RP 상품 보기'를 선택하면 만기일과 수익률 순으로 상품이 정렬되어 있습니다.

4. 투자할 RP 상품 선택

▶ **수시 RP** : 만기가 없어 자유롭게 매수/매도할 수 있는 상품입니다. 기간 약정 RP보다 짧은 기간에 돈을 묶어 둘 때 유리합니다.

▶ **기간 약정 RP(7일/30일/120일 등)** : 7일, 30일 등 정해진 기간 동안 투자하는 상품으로, 보통 수시 RP보다 수익률이 조금 더 높습니다. 원하는 상품의 [매수] 버튼을 누릅니다.

▶ 투자성향 정보 제출 및 온라인 설명 의무에 따른 사전 사항에 대해 확인합니다.

5. 매수 정보 입력 및 실행

▶ **매수금액USD** : 투자할 달러 금액을 직접 입력합니다.(최소 $1 이상)

▶ **적용수익률/만기일** : 선택한 상품의 수익률과 만기일을 다시 한

번 확인합니다.

- ▶ **계좌 비밀번호 입력** : 모든 정보를 확인한 뒤 종합계좌의 비밀번호 4자리를 입력하고 하단의 [외화RP 매수주문] 버튼을 누릅니다.
- **6. 주문 확인 및 완료** : 매수 내역을 최종 확인하는 팝업창이 뜹니다. 내용을 확인하고 [확인]을 누르면 외화RP 투자가 즉시 완료됩니다.

다음은 내가 투자한 외화RP가 잘 운용되고 있는지 확인하는 방법입니다.

1. [메뉴] → [금융상품] → [RP] → [RP계좌]로 이동합니다.
2. 계좌 비밀번호를 입력한 후 상단 탭에서 [외화RP]를 선택하면 현재 보유 중인 외화 RP의 매수금액, 평가금액, 수익률 등을 상세히 확인할 수 있습니다.

만기가 되면 어떻게 될까?

약정 RP의 경우, 만기일이 되면 원금과 세후 이자가 자동으로 계좌의 외화USD 예수금으로 들어옵니다. 별도의 매도 신청을 할 필요가 없으며, 들어온 예수금은 즉시 미국 주식 매수나 다른 RP 재투자에 사용할 수 있습니다.

꼭 알아 두어야 할 사항

- **예금자보호 비대상** : 외화RP는 국공채 등 우량 담보가 있지만, 은행 예금과 달리 예금자보호법에 따른 보호 대상 상품은 아닙니다.

- **이자소득세** : RP 투자로 발생한 이자 수익에 대해서는 15.4%의 이자소득세가 원천징수된 후 입금됩니다.

- **최소 투자금액** : 상품에 따라 다르지만 보통 최소 $1부터 투자가 가능하여 소액으로도 쉽게 시작할 수 있습니다.

조금 더 욕심을 내고 싶다면 : 우량 고배당주

만약 물려 있는 기간이 2~3개월 이상 길어지고 약간의 추가 수익을 더 원한다면 미국이나 일본의 우량 고배당주에 투자하는 것을 고려해 볼 수 있습니다.

여기서 핵심은 '우량'과 '고배당'입니다. 왜 시세차익을 노리는 화려한 기술주나 성장주가 아니라 재미없어 보이는 배당주에 투자해야 할까요?

우리의 1차 목표는 환차익이라는 사실을 절대 잊어서는 안 됩니다. 만약 여러분이 물려 있는 달러로 변동성이 큰 기술주에 투자했다고 상상해 보세요. 어느 날, 드디어 기다리던 목표 환율에 도달했습니다. 이제 달러를 팔아 환차익을 실현해야 하는데, 하필이면 여러분이 산 기술주가 -20% 폭락해 있다면 어떻겠습니까? 심지어는 환율이 계속 하락한 상태에서 주식 가격까지 하락할 수도 있습니다. 그야말로 이중고에 빠질 수 있습니다.

하지만 코카콜라나 존슨앤존슨처럼 수십 년간 망하지 않고 꾸준히 고배당을 지급해 온, 안정적인 주가 흐름을 보이는 우량 주식에 투자했다면 이야기는 완전히 달라집니다.

우리의 목표는 주가 상승이 아니라 기다리는 시간 동안 안정적으로 배당금을 받아 이익을 쌓는 것입니다. 그러다가 환율이 목표가에 도달하면, 안정적인 주가 흐름을 보이는 기업 또는 ETF에 투자했을 경우 언제든 부담 없이 주식을 팔고 나와 온전히 환차익을 실현할 수 있습니다. 운이 좋다면 약간의 시세차익과 그 동안 받은 배당금은 보너스가 될 것입니다.

앞서 소개한 2가지 방법은 '물려 있다.'고 생각한 시간을 이자와 배당이라는 추가 수익을 만들어 내는 기회의 시간으로 바꿔 줍니다. 이게 바로 상품이 아닌 돈에 투자했기 때문에 누릴 수 있는 엄청난 유연성이자 장점입니다.

미국 주식은 당연히 미국 시장이 열리는 시간에만 거래할 수 있지만, 2025년 11월부터 '데이마켓Day Market' 서비스가 확대되어 거의 24시간 거래가 가능하게 되었습니다.

기존의 정규장 거래 시간은 한국 시간으로 밤 11시 30분부터 다음 날 아침 6시까지였으며, 서머타임 적용 시(매년 3월 둘째 주 일요일 ~ 11월 첫째 주 일요일)에는 밤 10시 30분부터 다음 날 아침 5시까지였습니다. 이외에도 정규장 시작 전후로 '프리마켓'과 '애프터마켓' 거래가 가능했습니다.

2025년 11월부터 국내 증권사들이 해외 주식 주간 거래 서비스를 도입하거나 확대하면서 정규장이 닫혀 있는 주간 시간대에도 미국 주식의 매매가 가능해졌습니다. 이 데이마켓을 활용하면 더 이상 밤늦게까지 기다릴 필요 없이 낮 시간대에 우리가 가진 달러로 미국 주식을 매수할 수 있습니다. 이 시간에 맞춰 우리가 가진 달러로 코카콜라 주식을 매수해 보겠습니다.

*유의사항 : 주간 거래(데이마켓)는 정규 시장이 아니므로 거래량(유동성)이 정규장에 비해 낮을 수 있으며, 체결 가격이 정규장과 다소 차이가 날 수 있습니다.

1. '영웅문S#' 앱 하단 [메뉴] 선택

2. [해외주식] → [주문] 선택 : 가장 핵심적인 주문 화면으로 들어갑니다.

3. 종목 검색 - '코카콜라' 또는 'KO' 입력 : 주문창 상단의 돋보기 모양을 눌러 종목 검색창을 엽니다. 해당 종목이 상장된 국가(미국)를 선택한 뒤 한글로 '코카콜라' 또는 더 빠르고 정확한 티커(종목코드)인 'KO'를 입력하고 검색합니다. Coca-Cola Co(KO)를 선택하면 주문창에 코카콜라의 실시간 시세가 표시됩니다.

4. 주문창에서 매수 정보 입력하기 : 이제 우리가 원하는 조건으로 주문을 넣을 차례입니다.

   ① 매수/매도 선택 : 상단 탭에서 '매수'가 선택되어 있는지 확인합니다.

   ② 주문 종류 선택 : 지정가가 아닌 'LOC'를 선택하세요. 초보 투자자에게 가장 추천하는 주문 방식은 'LOC'입니다.

   ③ 수량 입력 : 매수하고 싶은 주식의 수량을 입력합니다. 예를 들어 10주를 사고 싶다면 숫자 '10'을 입력합니다.

   ④ 가격(단가) 입력 : 여기에 입력하는 가격은 LOC 주문에서 내가 지불할 용의가 있는 최대 가격을 의미합니다. 예를 들어, '$62.50'을 입력하면 실제 체결은 오늘 종가가 $62.50이거나 그보다 낮은 가격일 때만 이루어집니다.

   ⑤ 최종 확인 : '10주를 주당 최대 $62.50에 종가로 매수'와 같이 주문 내역을 확인하고, 하단의 [매수 주문] 버튼을 누릅니다.

LOC^{Limit-on-Close} 주문이란?

종가(장 마감 가격)로 주문을 체결하되, 내가 지정한 가격보다 유리한 경우에만 거래를 성사시키는 주문 방식입니다. 쉽게 말해, "오늘 장 마감 때 가격이 62.50달러보다 같거나 싸면 그 가격에 사 주고, 만약 더 비싸게 마감하면 그냥 주문을 취소해 줘."라고 예약하는 것과 같습니다.

초보자에게 LOC 주문을 추천하는 이유

- **시간으로부터의 자유** : 밤새 미국 시장을 지켜볼 필요가 없습니다. 한국 낮시간에 미리 주문을 넣어 두면 알아서 장 마감 때 체결 여부가 결정됩니다.

- **장중 변동성 위험 회피** : 수시로 변동하는 장중 가격에 휘둘리지 않고, 그날 시장의 의견이 가장 안정적으로 반영된 '종가'에 투자할 수 있습니다.

- **가격 보호 기능** : '시장가' 주문과 달리, 내가 설정한 가격 이상으로는 절대 사지 않기 때문에 의도치 않게 비싼 가격에 매수하는 것을 막아 줍니다.

5. 주문 확인 및 비밀번호 입력 : 입력한 주문 내역을 최종 확인하는 팝업창이 나타납니다. 내용을 다시 한번 꼼꼼히 확인하고 계좌 비밀번호 4자리를 입력한 뒤 [확인]을 누르면 주문 예약이 완료됩니다.

LOC 주문은 장중에 바로 체결되지 않습니다. 장 마감 이후에 결과가 결정됩니다.

1. 주문 체결 여부 확인

- [메뉴] → [해외주식] → [계좌] → [미체결]

- LOC 주문은 장이 마감되기 전까지(한국 시간 아침 5~6시 이전) 이곳에서 '미체결' 상태로 보입니다.

- 장이 마감된 후 내가 지정한 가격 조건이 맞았다면 주문 내역이 사라지고 체결된 것이며, 조건이 맞지 않았다면 주문은 자동 취소됩니다.

2. 내 포트폴리오(잔고) 확인

- [메뉴] → [해외주식] → [계좌] → [해외 잔고]

- 주문이 정상적으로 체결되었다면 다음 날 아침 이곳에서 내가 보유한 코카콜라 주식의 수량, 평균 매입 단가, 평가 수익률 등을 한눈에 확인할 수 있습니다.

코카콜라 주식을 파는 방법은?

매도 방법 역시 LOC 주문을 활용할 수 있습니다. 주문창에서 '매도' 탭을 선택하고, '내가 최소한 받고 싶은 가격'을 지정하여 LOC 매도 주문을 넣으면 됩니다.

3

테더(USDT) 역김치프리미엄 투자

앞에서 물려 있는 외화를 활용해 이자와 배당을 받는 방법을 배웠습니다. 이번에는 한 걸음 더 나아가 우리가 배운 달러 투자 절대 공식 그 자체를 암호화폐 시장에 적용하여 추가 수익을 창출하는 방법을 알려 드리겠습니다.

"잠깐만요. 코인 이야기인가요? 저는 위험한 건 싫습니다."

아마 이 장의 제목에서 테더USDT라는 단어를 보고 이런 걱정부터 하셨을 것입니다. 당연한 반응입니다. 하지만 제가 지금부터 하려는 이야기는 가격이 하루에도 수십 퍼센트씩 오르내리는 위험한 투기가 아닙니다. 오히려 우리가 지금까지 배운, 쌀 때 사서 제값에 파는 가장 합리적이고 안전한 원칙을 그대로 적용하는 것입니다.

테더는
일반적인 암호화폐가 아니다

먼저, 테더USDT가 무엇인지 정확히 알아야 합니다. 테더에 투자하는 것은 높은 가격 변동성을 통해 시세차익을 노리는 코인 투자와는 완전히 다릅니다. 테더는 스테이블 코인Stable Coin, 즉 가치가 안정적으로 유지되는 코인입니다.

어떻게 가치가 안정적으로 유지될까요? 테더는 1개당 항상 1달러의 가치를 갖도록 설계되었고, 테더를 발행하는 회사는 그 가치를 보증하기 위해 실제 달러 자산을 준비금으로 보유하고 있습니다. 즉 테더는 암호화폐라는 옷을 입고 있을 뿐 그 본질은 디지털 달러나 마찬가지입니다.

테더 발행사는
어떤 곳일까?

그렇다면 이 디지털 달러는 누가 만들고 운영하는 것일까요? 테더는 테더 리미티드Tether Limited라는 회사에서 발행합니다. 이 회사의 핵심 약속은 아주 간단합니다. "우리가 1 테더를 발행할 때마다 우리 금고에 실제 1달러 가치의 자산(현금, 미국 국채 등)을 보관해 두겠다."는 것입니다. 이 준비금 덕분에 테더의 가치가 1달러로 안정적으로 유지될 수 있는 것입니다.

2025년 8월 기준 1,640억 달러(원화로 220조 원 수준) 규모, 현대자동차 시가총액(2025년 10월 기준, 약 50조)의 4배 이상 되는 테더를 발행하고 있는 것으로 알려져 있기 때문에 '테더 리미티드가 정말 그 많은 준비금을 다 가지고 있을까?' 하는 논란과 의심이 있었던 것도 사실입니다. 실제로 2019년에는 뉴욕 검찰이 테더 리미티드의 준비금 문제를 조사하여 과징금을 부과하기도 했습니다. 당시 시장에서는 '테더가 무너지면 암호화폐 시장 전체가 무너진다.'는 공포가 확산되기도 했습니다.

하지만 바로 그 혹독한 시련을 겪은 이후, 테더 리미티드는 생존을 위해 완전히 다른 회사로 거듭났습니다. 현재 세계적인 회계법인을 통해 자신들의 준비금 현황을 정기적으로 검증받아 분기마다 투명하게 공개하고 있으며, 준비금의 대부분을 현금과 단기 미국 국채와 같이 가장 안전한 자산으로 보유하고 있습니다.

이제 테더는 과거의 의심을 모두 씻어 내고, 명실상부한 세계 1위 스테이블 코인으로서 전 세계 암호화폐 시장의 기축통화 역할을 하고 있습니다. 오히려 규제 당국의 철저한 검증을 통과하며 안정성을 증명해 낸 셈입니다.

테더를 할인된 가격에 사는 '역김치프리미엄'

자, 그럼 이 디지털 달러를 어떻게 투자에 활용할 수 있을까요? 달러 투자 절대 공식의 핵심이 무엇인가요? '기준가보다 쌀 때 분할해서 산다.'입니다. 테더 투자에서도 이 원리는 똑같이 적용됩니다.

- **달러 투자의 기준가** : 1,180원
- **테더 투자의 기준가** : 현재 달러/원 환율

이것이 핵심입니다. 테더의 가치는 1달러와 같으므로 테더의 적정 가격은 당연히 현재의 달러/원 환율과 같아야 합니다. 예를 들어, 지금 달러/원 환율이 1,380원이라면 테더 1개의 가격도 1,380원이어야 정상입니다.

하지만 암호화폐 시장에서는 이 가격이 일치하지 않는 현상이 빈

테더 역김치프리미엄

USD/KRW	**1,375.64**
🕐 07:04:46	0.43 (+0.03%)
USDT/KRW	**1,368**
🕐 08:27:53 | USDT/KRW	7 (+0.51%)

번하게 발생합니다. 우리나라 거래소에서 테더의 가격이 달러 환율보다 더 비싸게 거래되면 '김치프리미엄', 반대로 더 싸게 거래되면 '역김치프리미엄'이라고 부릅니다.

바로 이 역김치프리미엄이 우리에게는 바겐세일과 같은 기회입니다. 실제 가치는 달러 환율과 동일해야 하는 디지털 달러를 싸게 살 수 있는 것입니다.

"거래가 복잡하지 않나요?"

암호화폐거래소가 따로 있기 때문에 조금 더 번거로운 것이 사실입니다. 국내 암호화폐거래소에 가입하고, 원화를 입금하여 테더를 매수해야 하니까요. 그래서 이 방법은 모든 분께 추천하기보다는 새로운 도전을 즐기는 분들을 위한 보너스 스테이지에 가깝습니다.

전략은 아주 단순합니다. 테더의 가격이 달러/원 환율보다 낮을 때(역김치프리미엄 발생 시) 우리가 배운 공식대로 분할 매수를 시작합니다. 그리고 기다렸다가 테더의 가격이 달러 환율과 비슷해질 때 오히려 더 비싸질 때(김치프리미엄 발생 시) 분할 매도하여 수익을 실현하는 것입니다.

이것이 위험한 투기일까요? 아닙니다. 이것은 단순히 가격 불일치라는 시장의 비효율성을 이용하는 지극히 합리적인 차익 거래 전략입니다.

물론, 테더 발행사의 안정성에 대한 리스크가 전혀 없는 것은 아닙니다. 하지만 우리의 전략은 테더를 장기간 보유하는 것이 아니라 가격 불일치가 발생한 단기간에만 투자하기 때문에 그 위험을 최소

화할 수 있습니다.

이처럼 우리가 구축한 달러 투자 절대 공식은 단순히 달러와 엔화에만 국한하지 않습니다. '기준가보다 쌀 때 분할해서 사고, 가격이 오르면 분할해서 판다.'는 이 강력한 원칙은 여러분이 앞으로 마주할 수많은 새로운 투자 기회에서도 훌륭한 나침반이 되어 줄 것입니다.

· 빗썸으로 테더 투자하기 :
앱 설치부터 KB국민은행 계좌 연결까지 ·

국내 4대 거래소 중 하나인 빗썸^{Bithumb}을 기준으로 앱을 처음 설치하는 것부터 원화 입출금을 위한 KB국민은행 계좌 연결까지의 모든 과정을 차근차근 함께 해 보겠습니다.

투자를 시작하기 전 : 필수 준비물

원활한 가입과 계좌 연결을 위해 다음 3가지를 미리 준비해 주세요.

1. **본인 명의 스마트폰** : 인증 절차에 필수입니다.
2. **신분증** : 주민등록증 또는 운전면허증
3. **본인 명의 KB국민은행 입출금 계좌** : 없다면 이 가이드를 통해 비대면으로 개설할 수 있습니다.

1단계 : 빗썸 앱 설치 및 회원가입(계정 만들기)

가장 먼저 빗썸에 내 계정을 만드는 과정입니다.

1. **앱 설치** : 스마트폰의 구글 플레이스토어 또는 애플 앱스토어에서 '빗썸'을 검색하여 공식 앱을 설치합니다.
2. **앱 실행 및 회원가입 시작** : 설치된 빗썸 앱을 열고, 첫 화면 하단의

[회원가입] 버튼을 누릅니다.

3. **휴대폰 본인인증** : 통신사를 선택하고 본인 명의 휴대폰 번호로 인증을 진행합니다.

4. **이메일 ID 및 비밀번호 설정**

   ▶ 이메일 : 앞으로 빗썸 로그인 ID로 사용할 이메일 주소를 입력하고 [인증메일 발송]을 누릅니다. 해당 이메일에 접속하여 수신된 인증번호를 확인한 후 입력해 주세요.

   ▶ 비밀번호 : 로그인 시 사용할 비밀번호를 설정합니다. 보안을 위해 영문, 숫자, 특수문자를 조합하여 안전하게 만드세요.

5. **보안비밀번호 설정** : 출금이나 거래 비밀번호 변경 등 중요한 작업을 할 때 사용할 4자리 숫자로 된 보안비밀번호를 설정합니다.

6. **약관 동의** : 서비스 이용약관 등을 확인하고 동의한 뒤 [가입 완료] 버튼을 누르면 빗썸의 기본 계정 생성이 완료됩니다.

2단계 : 고객확인^{KYC} 등록(신원 인증하기)

이제 거래를 위해 본인임을 증명하는 '고객확인^{KYC}' 절차를 진행해야 합니다. 특정금융정보법에 따라 모든 금융 거래에 필수로 요구되는 과정입니다.

1. **고객확인 시작** : 회원가입 완료 후 또는 로그인 시 나타나는 [고객확인] 안내창을 누릅니다.(또는 앱 내 [더보기] → [인증센터] → [고객확인] 메뉴로 진입)

2. **개인 정보 입력** : 이름, 생년월일, 성별 등 기본 정보를 입력합니다.

3. **신분증 촬영** : 안내에 따라 미리 준비한 신분증(주민등록증 또는 운전면허증)을 스마트폰 카메라로 선명하게 촬영하여 제출합니다.

4. **추가 정보 입력** : 집 주소, 직업, 거래 목적 등 추가 정보를 정확하게 기입합니다.

5. **본인 계좌 인증(1원 인증)**

   ▶ 이 단계는 고객확인의 마지막 절차로 본인 명의의 은행 계좌(KB국민은행이 아니어도 됨) 정보를 입력합니다.

   ▶빗썸에서 해당 계좌로 '1원'을 보내주는데, 이때 입금자명 앞에 표시된 숫자 3자리를 확인하여 정확하게 입력합니다.

   ▶ 인증이 완료되면 고객확인 절차가 모두 마무리됩니다.

3단계 : KB국민은행 계좌 연결하기

고객확인까지 마쳤다면, 드디어 원화KRW를 빗썸으로 입금하고 출금할 수 있는 전용 통로인 KB국민은행 계좌를 연결할 차례입니다.

1. **계좌 연결 메뉴 진입**

   ▶ 빗썸 앱 로그인 후, 메인 화면에 보이는 [KB국민은행 계좌를 연결해 주세요] 배너나 버튼을 누릅니다.

   ▶ 또는 [더보기] → [인증센터] 메뉴에서도 계좌 연결을 진행할 수 있습니다.

2. 본인에게 맞는 옵션 선택

▶ Case A. 이미 KB국민은행 계좌가 있는 경우

- [계좌를 갖고 있어요! 계좌 연결하기]를 선택합니다.

- 약관에 동의한 뒤 연결할 본인 명의의 KB국민은행 계좌번호를
  정확하게 입력합니다.

- '자동이체 출금동의'를 위한 ARS 인증 전화를 받고, 안내에 따
  라 인증을 완료합니다.

- 잠시 후 계좌 연결이 성공적으로 완료되었다는 메시지를 확인
  할 수 있습니다.

▶ Case B. KB국민은행 계좌가 없는 경우

- [계좌가 없어요. 계좌 개설하기]를 선택합니다.

- KB국민은행의 비대면 계좌 개설 페이지로 연결됩니다.

- 안내에 따라 휴대폰 본인인증, 신분증 촬영, 고객 정보 입력 등
  의 절차를 거쳐 KB국민은행 입출금 계좌를 개설합니다.

- 계좌 개설이 완료되면 다시 빗썸 앱으로 돌아와 위 'Case A'의
  절차에 따라 방금 만든 새 계좌를 연결합니다.

이제 모든 준비가 끝났습니다. 여러분은 KB국민은행 계좌에
서 빗썸으로 원화KRW를 입금할 수 있으며, 입금된 원화로 테더
를 비롯한 다양한 암호화폐에 투자할 수 있습니다.

4

환율이 내려도
돈을 버는 '전략 스위칭'

앞에서 환율이 하락해 물려 있는 시간마저 이자와 배당을 통해 수익으로 바꾸는 방법, 그리고 달러 투자 절대 공식을 암호화폐 시장의 테더에 적용하여 수익을 내는 방법까지 배웠습니다.

이제 여러분의 투자 바운더리가 충분히 넓어졌다면, 여기서 한 걸음 더 나아가 환율이 오르건 내리건 어떤 상황에도 돈을 벌 수 있는 전략 스위칭이 가능해집니다.

공식에 따르면, 현재 달러/원 환율은 기준가(1,180원)보다 훨씬 높아 투자가 불가능한 시기입니다. 하지만 만약 여러분이 미국 주식 투자에 대한 경험과 전략 스위칭을 활용할 수 있다면 환율이 1,400원에 육박하는 지금 이 순간에도 달러 투자를 시작할 수 있습니다.

이 전략 스위칭은 다음과 같이 진행됩니다.

1. 투자할 미국 주식을 고른다.(예 : 애플, 마이크로소프트 등)
2. 투자할 금액만큼 달러를 산다.(현재 환율이 진입 기준가보다 높아도 상관없다.)
3. 상황에 따라 2가지 시나리오 중 하나를 실행한다.

자, 여러분이 애플 주식을 사기 위해 1,380원에 달러를 샀다고 가정해 보겠습니다. 그 이후에는 어떤 일이 벌어질까요?

- **시나리오 1 : 환율이 오른다.**(예 : 1,400원)
  주식 투자를 위해서 미리 사 둔 달러의 환율이 오르게 되면서 여러분은 예상치 못한 보너스 수익을 얻었습니다. 이때 여러분에게는 2가지 선택지가 생깁니다. 계획대로 애플 주식을 사도 되지만, '환율이 올랐으니 달러를 팔아 환차익을 실현하고, 애플 주식의 매수 시점을 한 번 더 고민해 보고 그때 사자.'는 선택을 할 수도 있습니다.
- **시나리오 2 : 환율이 내린다.**(예 : 1,360원)
  아무 문제 없습니다. 환율이 높다고 미국 주식 투자를 하지 않는 사람은 없기 때문에 여러분은 원래 계획대로 애플 주식을 사면 됩니다.

이 전략의 핵심은 상황에 따라 전략을 스위칭(달러 투자→주식 투자)할 수 있는 명확한 시나리오가 있다는 점입니다. 우리는 '환율이 어떻게 될까?'를 예측하는 것이 아니라 '환율이 어떻게 되든 나는 계확대로 행동한다.'는 완벽한 통제권을 갖게 됩니다.

즉 우리가 '미국 주식을 사겠다.'고 먼저 결정한 뒤에 달러에 투자하게 되면 환율의 등락은 더 이상 리스크가 아니라 우리에게 선택지를 제공하는 '기회'가 됩니다. 계획이 있으니 환율이 어떻게 움직이더라도 마음 편한 투자가 가능해지는 것입니다.

· 전략 스위칭 실전 사례 ·

저는 2025년 5월 21일, 1,389원이라는 환율에 1,000만 원을 달러로 환전했습니다. 달러 투자 절대 공식과 맞지 않는 결정(진입환율 1,180원 이상)이었고, 이후 실제로 환율은 계속 하락하여 7월 중순이 되어서야 매수한 환율 수준에 도달했습니다.

하지만 저는 앞서 소개한 전략 스위칭을 활용해서 투자를 했습니다. 진입한 시점의 환율이 너무 높았기 때문에 환율이 하락한다면 주식 투자로 전략을 스위칭할 계획을 세우고 투자를 시작한 것입니다.

1단계 : 달러 매수(달러 투자)

우선, 외화 이체가 자유로운 하나은행 FX마켓을 통해 1,389.31원에 약 1,000만 원어치의 달러를 샀습니다.

하나은행 달러 매수 내역

2단계 : 환율 하락에 따른 전략 스위칭(달러 투자 → 주식 투자)

아나나 다를까 다음날 바로 환율이 하락했습니다. 보통 달러 투자만 생각하고 있다면 추가 매수를 하거나 그마저도 알지 못하는 분들은 그저 불안에 휩싸이겠지만 저는 미리 계획했던 대로 움직였습니다. 하나은행에서 매수한 달러를 해외 주식 투자가 가능한 토스증권 계좌로 이체했습니다.

달러 이체 내역(하나은행→토스증권)

여기서 중요한 사항은 토스'뱅크'와 토스'증권'은 다르다는 겁니다. 타행으로부터 외화를 수취하거나 보내는 게 불가한 토스뱅크의 외화통장과 달리 토스증권의 외화 계좌는 다른 은행에서 외화를 받을 수도, 타행으로 보낼 수도 있습니다.

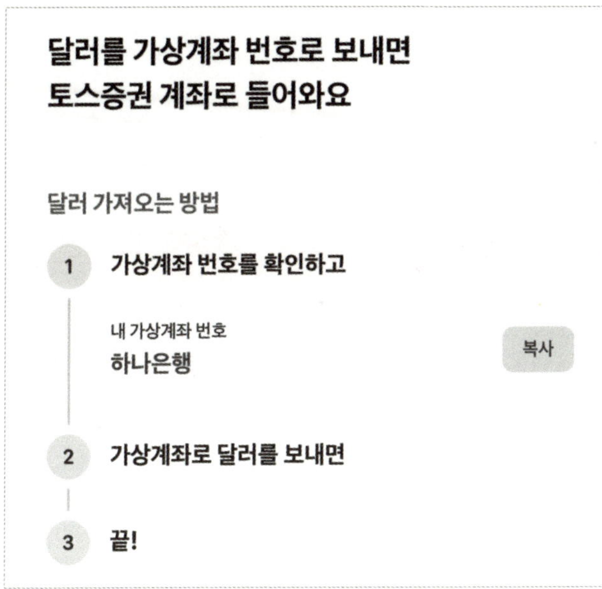

3단계 : 전략 스위칭에 따른 미국 주식 투자

하나은행에서 토스증권으로 이체한 달러로 평소에 눈여겨보고 있던 미국 장기채 레버리지 ETF인 TMF를 매수했습니다. 얼마 후 주식 가격이 상승하여 환율 하락에 따른 평가손실 이상으로 수익을 냈습니다. 그리고 다시 높아진 환율로 달러를 원화로 환전하는 과정에서 환차익까지 추가로 얻게 되었습니다.

단계	행동	환율 상황	비고
1	달러 매수	1,389원	달러 또는 미국 주식 투자를 위한 달러 확보
2	TMF 매수	1,370원	환율 하락으로 인하여 미국 주식 투자로 전략 스위칭
3	TMF 매도	1,380원	주가 상승에 따른 수익 실현
4	달러 매도	1,395원	기존 매수 환율보다 높은 환율에 환차익 실현

리스크를 기회로 바꾸는 시나리오의 힘

이 전략의 핵심은 환율의 등락을 예측해서 맞췄다는 것이 아닙니다. 오히려 그 반대입니다.

환율이 내리면?

"아무 문제 없지. 원래 계획대로 미국 주식을 사야겠다."

환율이 오르면?

"땡큐! 일단 환차익부터 챙기고 주식 투자 시점을 다시 고민해 보자."

명확한 계획이 있었기 때문에 환율의 움직임은 더 이상 저를 불안하게 만드는 리스크가 아니었습니다. 물론, 최악의 경우 환율과 주가가 동시에 하락하는 이중고를 겪을 수도 있습니다. 하지만 관점을 바꿔 보면 본인의 능력에 따라 환율의 등락을 모두 활용할 수 있다는 것은 엄청난 장점입니다.

이것이 바로 달러 투자가 초보자에게 최고의 시작점이라고 말하는 이유입니다. 투자는 간단하지만 자연스럽게 해외 주식이라는 더 넓은 세상으로 나아가는 튼튼한 다리가 되어 주기 때문입니다.

위대한 첫걸음을
응원하며

여기까지 오시느라 정말 고생 많으셨습니다. 이 책의 마지막 장을 넘기고 있는 여러분께 저자로서 뜨거운 박수와 진심 어린 응원을 보내고 싶습니다. 투자를 결심하고 책 한 권을 끝까지 읽어 낸 여러분은 이미 상위 10%의 실행력을 갖춘 분입니다.

저는 이 책을 통해 누구나 S&P500의 연평균 수익률을 이길 수 있는 달러 투자 절대 공식을 알려 드렸지만, 솔직히 말해 그게 이 책의 진짜 목표는 아닙니다. 저의 진짜 목표는 여러분이 스스로의 힘으로 돈을 벌어 본 첫 경험을 안전하게, 그리고 성공적으로 할 수 있도록 돕는 것입니다.

돌이켜 보면 저 역시 그랬습니다. 투자는 늘 어렵고 무서운 것이라고만 생각했습니다. 이제는 최소 1억 원의 목돈이 있어야만 시작할 수 있는 부동산, 혹은 온갖 위험한 소문이 가득한 주식시장 앞에서, 저 같은 평범한 사람은 그저 번 돈을 아껴 예·적금이나 하는 것밖에는 할 수 있는 게 없다고 믿었습니다.

그러던 어느 날 우연히 환차익은 세금이 없다는 사실을 깨달았고, 달러와 엔화 같은 안전자산이자 기축통화가 가진 특징을 활용해서 투자를 해 볼 수 있겠다는 생각이 들었습니다. 반신반의하면서도 아주 적은 돈으로 투자를 처음 시작했습니다. 나름의 매매 원칙을 정하고 꾸준히 시도한 끝에 조금씩 돈을 벌기 시작했습니다.

처음 돈을 벌게 된 그 순간을 저는 아직도 잊지 못합니다. 계좌에 찍힌 금액의 크기는 전혀 중요하지 않았습니다. 중요한 것은 '나도 할 수 있구나.' 하는 자신감이었습니다. 그 작은 성공의 경험은 저에게 세상을 보는 새로운 눈을 뜨게 해 주었습니다.

그 작은 자신감은 거대한 눈덩이가 되어 굴러 가기 시작했습니다. 과거의 저였다면 상상조차 하지 못했을 일이지만 부동산과 주식, 채권, 암호화폐 그리고 미술품에 투자를 하기도 하고 데이 트레이더로서 골드와 나스닥, 크루드오일 등에 투자하며 위험천만하다고 알려진 해외 선물 시장에서 매일 돈을 벌고 있습니다. 불과 몇 년 전에는 100달러를 사는 것조차 두려워했던 제가 말입니다.

이 믿을 수 없는 변화는 거창한 계기에서 시작한 것이 아닙니다. 모든 것은 바로 달러 투자로 벌어 본 몇천 원의 수익에서 시작되었습니다. 그 작고 소중한 성공의 경험이 저를 지금까지 이끌어 준 것입니다.

제가 여러분에게 바라는 것도 바로 이것입니다. 이 책에서 배운 달러 투자 절대 공식이 여러분의 투자 여정의 종착역이 되기를 원하지 않습니다. 그보다는 여러분이 앞으로 나아갈 드넓은 또한 투자의 세계로 향하는 가장 안전한 첫걸음이 되기를 진심으로 바랍니다.

아직도 우리 주변의 많은 사람이 부동산만이 유일한 부의 사다리라고 믿으며, 너무나 높은 벽 앞에서 좌절하고 있습니다. 또한 투자는 큰 돈이 있어야만 하고, 너무 어렵고 위험하다는 편견에 사로잡혀 소중한 기회들을 놓치고 있습니다.

하지만 최소한 이 책을 끝까지 읽은 여러분은 다르기를 바랍니다. 단돈 몇만 원으로라도 제가 알려 드린 달러 투자 절대 공식을 통해 직접 돈을 벌어 보는 첫 경험을 반드시 해 보시길 바랍니다. 그 짜릿한 성공의 기억이 여러분을 앞으로 나아가게 할 가장 강력한 연료가 되어 줄 것입니다.

그 경험을 발판 삼아 여러분에게 더 잘 맞는 또 다른 투자의 길을 찾아보세요. 누군가는 저처럼 트레이딩의 재미를 찾을 수도 있고, 또 다른 누군가는 배당주나 채권 등 과거의 자신이라면 상상도 하지 못할 영역에서 큰 기회를 발견할 수도 있습니다.

정답은 없습니다. 중요한 것은 달러 투자라는 가장 안전한 훈련장에서 돈을 버는 감각과 원칙을 지키는 능력이라는 2개의 근육을 단련하는 것입니다. 단련된 이 근육들을 바탕으로 자신감을 갖고 스스로의 길을 찾아가시길 바랍니다. 분명 투자는 반드시 해내야 하는 과제나 숙제가 아니라 평생 함께할 즐거운 취미가 될 수 있습니다.

부디 이 책이 여러분의 책장 한편에서 먼지만 쌓여 가는 수많은 재테크 책 중 하나가 되지 않기를 바랍니다. 이 책이 닳고 닳아서 투자의 세계로 내디딘 첫 발자국과 성공의 경험이 고스란히 담긴 소중한 전리품이 되기를 소망합니다.

여러분의 위대한 첫걸음을 온 마음을 다해 응원하겠습니다.